삼위일체가
알고 싶다

삼위일체가 알고 싶다

지은이 박재은
펴낸이 임상진
펴낸곳 (주)넥서스

초판 1쇄 발행 2018년 5월 15일
초판 11쇄 발행 2025년 11월 15일

출판신고 1992년 4월 3일 제311-2002-2호
주소 10880 경기도 파주시 지목로 5
전화 (02)330-5500 팩스 (02)330-5555

ISBN 979-11-6165-393-8 03230

저자와 출판사의 허락 없이 내용의 일부를
인용하거나 발췌하는 것을 금합니다.

가격은 뒤표지에 있습니다.
잘못 만들어진 책은 구입처에서 바꾸어 드립니다.

www.nexusbook.com

삼위일체가
알고 싶다

잘못된 삼위일체 하나님으로부터 탈출하라

박재은 지음

넥서스CROSS

추천사 (ㄱㄴㄷ순)

삼위일체라는 복잡한 주제를 간결하게 제시하다

이 책을 기쁨으로 추천한다. 정말 필요한 주제를 잘 풀어낸 책이기 때문이다. 삼위일체 하나님을 설명하기란 여간 어려운 일이 아니다. 무엇인가에 빗대어 표현할 수 있다면 그래도 쉽겠으나, 삼위일체 하나님의 경우에는 그러한 설명 방식이 불가능하다. 삼위일체로 계시는 하나님께서는 이 세상에 존재하는 어떤 사물이나 원리들과는 전혀 다른 존재방식을 가지고 계시기 때문이다. 그래서 무엇인가와 연결하여 빗대어 설명하면 이해가 쉬운 법이지만, 삼위일체 하나님을 그렇게 유비적으로 설명하면 오류를 범하기 십상이다. 이를테면 삼신론 또는 양태론과 같은 것들이다.

또 하나의 어려움은 셋이면서 하나인 경우를 자연과 이성 안에서는 찾을 길이 없기 때문에, 삼위일체 하나님을 적극적으로 설명하기가 불가능하다는 사실과 관련된다. 교회는 삼위의 셋과 일체의 하나를 각각 지시하는 용어를 설명하는 일부터 어려움을 겪었다. 서방지역에 있는 교회는 라틴어를 사용하고 동방지역에 있는 교회는 그리스어를 사용하는 까닭에, 서로 개념을 일치시키고 그것을 반영하는 용어의 통일성을 이루는 데 상당한 어려움과 시간을 필요로 했다.

이 책은 이러한 어려움들을 마주하면서 삼위일체 신앙을 고백하는 것이 무슨 내용을 갖는 것인지를 잘 풀어내고 있다. 삼위일체 신학이

서 있는 성경의 전거를 적절히 제시하고, 교리를 세워간 교회의 노력을 간명하게 풀어내고 있다. 이를 올바르고 산뜻하며 깔끔하게 제시해 준다. 그냥 이 책을 손에 들고 읽으면 그토록 멀리 느껴졌던 삼위일체 하나님에 대한 신앙 이해가 가깝게 느껴질 것이다. 이 책이 제시하는 것보다 더 많거나 깊은 신학의 토론은 별로 필요치 않을 것이다. 복잡한 주제를 간결하게 제시한 저자의 실력으로 인해 큰 도움을 받는다. 대단히 유익하며 매우 충분하다.

김병훈 교수 (합동신학대학원대학교, 조직신학)

삼위일체에 대한 올바른 이해 정립을 도와주다

성경의 하나님은 영원부터 영원까지 스스로 존재하시는 '삼위일체 하나님', 곧 성부와 성자와 성령 하나님으로 계시하신다. 이러한 삼위일체 하나님에 대한 신 인식은 성경적 신 지식의 정화이며, 기독교 신 이해의 유일독특성을 가장 명확하게 드러내는 것이다. 따라서 초대 교회로부터 성경의 가르침에 근거한 '삼위일체 교리'(the Doctrine of the Trinity)는 기독교의 성경적인 신 이해의 정수를 요약하는 것이며, 나아가 하나의 전체로서 기독교 신학의 총괄이자 신앙고백 및 예배의 핵심 기초가 되어왔다. 그러나 삼위일체 하나님에 대한 성경적인 올바른 이해가 그렇게 자연스럽고 쉬운 것이 아니다.

사실 2,000년 교회 역사 속에서 끊임없이 이와 관련하여 잘못된 이단 사상들이 나타났고, 심지어는 비합리적인 교리로 매도되기까지 하였다. 이러한 삼위일체 교리와 관련하여 교회 역사를 통하여 시대마다 여러 가지 다양한 형태로 거듭하여 출몰해온 그러한 양극단을 대표하는 두 가지 이단 사상인 '양태론'과 '종속설'이며, 그 공통적인 핵심 요점은 결과적으로 '(성부)단일신론'을 관철하고자 하는 것이다. 따라서 실로 지금 우리가 물려받은 성경의 가르침에 근거한 참된 신 이해의 요체인 '정통 삼위일체 교리'는 그저 자연스럽게 획득된 것이 아니라, 교회를 그 근지로부터 무너뜨리는 그러한 이단 사상들과의 지난한 교리 논쟁과 그것을 극복하려는 치열한 성경 해석 및 신학적 탐구 과정을 통하여 비로소 쟁취한 것이라고 할 수 있을 것이다.

이러한 상황은 한국 교회도 예외가 아니라고 할 수 있을 것이다. 그동안 한국 교회 안에서도 삼위일체론에 대한 보다 정확한 이해를 위하여 수많은 신학적 연구가 이루어졌고, 많은 가치 있는 연구 결과물들이 출판·간행되어 왔다. 그러나 한국 교회의 목회 일선에서 이루어지는 설교나 교육 현장에서 전달되는 삼위일체론에 대한 설명들에는 아직도 여전히 심각한 문제점들이 노출되고 있는 실정이다. 이러한 상황 속에서, 본서는 한국 교회의 '삼위일체 교리'에 대한 올바른 이해를 정립하기 위한 좋은 입문서가 될 수 있을 것이라 판단된다.

본서에서 저자는 삼위일체 교리와 관련하여, 그 성경적인 기초뿐만 아니라 고대 신경과 개혁파 신앙고백서에 나타난 핵심적인 요소들, 그리고 이 교리를 표현하기 위하여 사용된 핵심 신학적 용어들에 대한 설명, 그리고 잘못된 이해들을 잘 분석하여 간결하고도 명료하게 제시함으로써 한국 교회의 삼위일체 하나님에 대한 올바른 이해의 방향을 잘 제시해 주고 있다. 이 중요한 신학적 주제에 대하여 관심 있는 분들이 많이 읽고 참된 신앙의 정립에 큰 도움이 있기를 바라면서 일독을 권한다.

김은수 교수 (백석대학교, 조직신학)

기독교 신앙의 진수로 인도하는 훌륭한 책이다

삼위일체로 존재하시는 하나님을 이해하고 성도에게 설명하는 일은 어쩌면 그 자체로 목사가 할 수 있는 가장 난해한 일 중에 하나일 것이다. 그래서 많은 목회자는 이 교리에 대해서 더 깊이 알려고 하지도 않고, 더군다나 성도에게 가르치는 것은 엄두도 내지 못하는 경우가 많았다. 그 결과 한국 교회의 성도 가운데 삼위일체를 나름대로 이해하려는 수고는 고사하고, 삼위일체를 아는 것이 왜 중요하고 필요한지를 아는 사람조차도 거의 없는 실정이다. 교회의 모든 교리의 모태가 하나님의 존재 방식에 대한 교리 곧 삼위일체 교리인데, 이 교리에 대한 무지와 무관심은 거기에서 흘러나오는 다른 교리에 대한 오해와 무관심과 무지의 직접적인 원인이라고 한다면 과장된 말일까? 비록 어렵고 신비롭지만, 이 교리는 성도가 반드시 알아야 하고, 목사가 반드시 가르쳐야 하는 교리임에 틀림없다. 이때 성령님의 조명하심이 다른 어떤 교리보다 절대적으로 요구된다. 하지만 성령님께서 빛을 비추시려 하더라도 최소한의 이해는 있어야 할 것이 아닌가?

그래서 이 책을 모든 성도와 목회자들에게 추천한다. 삼위일체를 알고 싶다면, 삼위일체를 가르치고 싶다면 바로 이 책을 들고 읽으라! 평신도들에게 삼위일체를 이보다 더 쉽게 설명한 책이 얼마나 있을까? 목회자와 목회자 후보생들이 성도에게 삼위일체 교리를 가르치는 것을 도울 수 있는 책으로 이보다 더 일목요연하게 잘 정리된 책은 또 얼마나 있을까? 박재은 박사는 특유의 간결함과 명쾌함으로 성도가 반드시 알아야 할 삼위일체에 관한 진리들을 아주 친절하게 설명하고 있다. 같은 교회를 섬기며 동역하면서 언제나 군더더기 없이 요점만을 잘 정리하여 명쾌하게 설명하는 모습을 보며 늘 부러워하였는데, 그러한 저자의 특징이 이 책에 잘 나타나 있다.

뿐만 아니라 이 책은 단순히 책상 앞에서 머리를 긁으며 사색한 결과물이 아니라 목회 현장에서 초신자들과 기존 성도에게 삼위일체를 가르쳤던 경험에서 나온 막 쪄낸 찐빵과 같다. 참으로 먹음직스럽고, 누구든지 먹을 수 있으며, 또 먹으면 맛이 좋은 그런 책이다. 삼위일체라는 가장 높고도 중요하며 기독교 신앙의 근간이 되는 교리의 봉우리를 오르기 원하는 사람들은 먼저 이 책을 읽으라. 이 책은 당신을 기독교 신앙의 진수로 인도하는 관문의 역할을 훌륭하게 해낼 것이다. 하지만 조건이 있다. 저자가 반복하여 강조하듯이 무릎을 꿇고 은혜를 구하며 읽으라. 그럴 때에 삼위로 하나이신 하나님을 알면 알수록 당신은 자신의 무지함으로 인하여 더욱 겸손해지며, 동시에 기쁨으로 그분을 찬양하게 될 것이다.

김효남 목사 (천호교회 담임, 아세아연합신학대학교 역사신학 겸임교수)

삼위일체에 대한 귀중한 안내서이다

성경의 하나님이 삼위일체 하나님이심에도 불구하고 대부분의 그리스도인들은 삼위일체론에 관하여 잘 알지 못한다. 설사 삼위일체 하나님을 믿고 고백한다고 하더라도 그 믿음과 고백의 내용에 대해서는 더더욱 확신이 없다. 그러다 보니 삼위일체론이 믿음의 내용 및 믿음의 삶과는 분리되고 괴리되는 잘못된 현상들이 많이 나타난다. 그러기에 이단·사이비의 잘못된 입장에 쉽게 넘어가는 모습도 나타난다. 이러한 현실을 고려할 때에 본서는 한국 교회 현장에서 귀중한 안내서 또는 지침서로서 큰 역할과 기여를 할 수 있다.

본서의 가장 큰 특징은 난해하고 추상적이며 사변적이라 여겨지는 삼위일체 하나님에 관하여 그리스도인들에게 알기 쉽고 명료하며 간결하게 설명한다는 점이다. 마음의 큰 부담을 갖지 않고 편안하게 읽어갈 수 있다. 무엇보다도, 본서는 성경을 바탕으로 개혁신학적 관점에서 여러 역사적 자료들을 통하여 삼위일체 하나님을 명쾌하게 제시한다. 또한 본서는 삼위일체 하나님을 표현하기 위하여 사용되는 용어들을 알기 쉽게 정리하고 설명하면서 올바른 삼위일체를 제시하고, 동시에 삼위일체에 관한 잘못된 이해들이 무엇인지를 설명한다. 독자들은 본서를 통하여 성경의 하나님이 삼위일체 하나님이심을 더 깊이 알고 확신하게 될 것이다.

그렇다고 본서의 안내와 설명을 통하여 독자들은 삼위일체 하나님을 모조리 이해하고 파악한다고 오만하게 주장할 수는 없다. 오히려 본서에서 주장하는 것처럼 삼위일체 하나님을 알아가되, 그럴수록 더욱 겸손한 자세로 삼위일체 하나님을 경배하고 찬양할 수 있어야 할 것이다. 바라기는 본서를 통하여 한국 교회가 삼위일체 하나님을 더욱 깊이 알아가고 믿으며 고백하고 찬양하며 경배할 수 있길 소망한다. 또한 삼위일체 하나님이 기뻐하시는 방식대로 믿음의 삶을 살아가기를, 그래서 한국 교회와 사회가 새로워질 수 있기를 기대한다. 본서를 위하여 뜨거운 열정과 깊은 학문성으로 작업해온 박재은 교수의 노고를 삼위일체 하나님께서 기뻐하실 것을, 또한 이후로도 더 왕성하고 풍성한 활동으로 이어질 것을 기대한다.

백충현 교수 (장로회신학대학교, 조직신학)

삼위일체를 성경적이고 신앙고백적으로 풀다

삼위일체 교리가 무엇이 아닌지 설명하기는 쉽지만, 무엇인지 설명하는 것은 대단히 어려운 일이다. 이는 그리스도인뿐만 아니라 신학자에게도 어려운 과업이었다. 따라서 교회 역사는 그동안 삼위일체가 무엇이 아닌지에 대해 주로 부정적으로 설명해온 느낌이 없지 않다. 예를 들면 삼위일체는 '하나님이 셋이 아니고 동시에 하나도 아니다. 성부는 성자가 아니고, 성자는 성령이 아니며, 성령은 성부가 아니다. 삼위일체는 삼신론도 아니고 양태론도 아니며 단일신론도 아니다'라고 말하는 것이다. 그러다 보니 삼위일체에 대한 각종 역사적 이단의 공격을 효과적으로 격퇴해 왔지만, 삼위일체 교리의 풍성함을 설명해 주지는 못한 느낌이다. 삼위일체가 무엇인지 그 풍성함을 드러내기 위해 저술된 이 책을, 다음과 같은 네 가지 이유에서 기쁘게 추천한다.

첫째, 이 책은 겸손하게 시작한다. 삼위일체는 인간의 이해를 도무지 초월하는 난제는 아니지만, 그렇다고 신학과 이성이라는 도마 위에 올려놓고 마음대로 요리할 수 있는 주제도 아니다. 그래서 저자는 삼위일체 하나님을 대하는 자세로서 겸손할 것을 요구한다. 삼위 하나님은 경배의 대상이지 분석의 대상이 아니다. 이는 결국 우리로 하여금 겸손히 하나님을 찬양하고 경배하게 만든다.

둘째, 이 책은 성경적이다. 저자는 구약과 신약 성경에 드러난 삼위와 일체의 하나님을 설명하면서 독자들이 하나님을 삼위일체로 이해해야 하는 이유를 '성경이 그렇게 말하고 있기 때문이다'라고 단호하게 선언한다. 사실 기독교와 타종교를 구별시키는 가장 극명한 교리가 있다면, 단연 삼위일체 교리일 것이다. 기독교의 삼위일체는 성부와 성자와 성령으로 계시는 삼위 하나님께서 서로 긴밀하게 교제하고 소통하며 사랑을 나누신다는 것을 전제하는 사랑의 교리이다.

셋째, 이 책은 신앙고백적이다. 자신의 개혁신학적 입장에 걸맞게 저자는 삼위일체 교리를 고대 신조로부터 시작해서 웨스트민스터 신앙고백서를 포함한 역사적 개혁주의 교리문답이 묘사하는 삼위일체를 소개한다. 기독교 신앙은 다만 계시적일 뿐만 아니라 역사적이다. 이것이 우리가 삼위일체 교리에 대해 역사적 신앙고백에 귀 기울여야 할 이유이기도 하다.

마지막으로, 이 책은 긍정적이다. 저자는 삼위일체 교리가 무엇이 아닌지를 설명할 뿐만 아니라 바빙크의 입을 빌려 무엇이 삼위일체 교리인지를 긍정적으로 소개한다. 결국 이 책을 덮고 나면 독자들은 삼위일체 하나님께 모든 영광을 돌려드리지 않을 수 없게 될 것이다. 진정 삼위일체가 알고 싶다면 이 책을 집어 들어 읽어 보라!

신호섭 목사 (올곧은교회 담임, 고려신학대학원 외래교수)

삼위일체 교리를 고백해야 진정한 기독교인이다

삼위일체 교리는 기독교의 예배의 대상이신 하나님에 관한 교리이다. 그러므로 이 교리를 고백하면 기독교인이고, 이 교리를 고백하지 않으면 기독교인이 아니다. 그래서 네덜란드의 개혁신학자 헤르만 바빙크(Herman Bavinck)는 하나님의 삼위일체성에 관한 고백과 더불어 전체 기독교는 서고 넘어지며, 하나님의 삼위일체성에 대한 고백은 기독교 신앙의 핵심이고, 모든 교리의 뿌리이며, 기독교라는 종교 자체의 심장이고 본질이라며 묘파하였던 것이다. 그러기에 삼위일체론에 대한 올바른 이해는 우리의 신앙과 신학의 초석이요 모판이 아닐 수 없다. 이러한 의미에서 교리 중의 교리인 삼위일체론을 알기 쉽게 해설한 본서 저자의 노고는 치하 받아야 마땅하다.

본서에서 저자는 성경으로부터 시작하여 공교회의 신경인 「사도신경」, 「니케아-콘스탄티노플신경」, 「아타나시우스신경」을 경유하여 개혁파의 신조들인 「하이델베르크교리문답서」와 「웨스트민스터신앙고백서」, 「웨스트민스터 대교리문답」과 「웨스트민스터 소교리문답」을 따라 삼위일체에 대한 해설을 노정함으로써, 성경적이고 공교회적이며 개혁파적인 관점에서 삼위일체론에 대한 올바른 이해의 정수를 독자들에게 제공하고 있다. 뿐만 아니라 저자는 독자들을 위하여 삼위일체론에 사용되는 전문 용어(terminus technicus)들을 일목요연하게 정리하고 잘못된 삼위일체론과 올바른 삼위일체론의 범주를 명확하게 구획해 줌으로써, 독자들로 하여금 개념의 혼동이나 혼란 없이 삼위일체론을 올바르게 섭렵할 수 있도록 친절한 배려를 아끼지 않고 있다. 이에 독자들에게 즐거운 마음으로 이 책을 추천하여 일독을 권하는 바이다.

이동영 교수 (서울성경신학대학원대학교, 조직신학)

바빙크의 개혁신학적 삼위일체론에 토대를 두다

『칭의, 균형 있게 이해하기』와 『성화, 균형 있게 이해하기』(이상 부흥과개혁사)를 통해서 우리에게 개혁신학을 맛깔스럽게 제시해준 박재은 박사의 신간 『삼위일체가 알고 싶다』를 적극적으로 추천하는 바이다. 이 책은 다양한 독자층의 필요를 적절하게 인식하고 이 필요를 충족시켜 주는 탁월한 책이다. 기존의 삼위일체론에 관한 저작들은 대부분 내용의 전문성과 생경한 용어 사용 때문에 독자들에게 거부감을 주어 왔던 것이 사실이다. 이 책은 이런 경향을 탈피하여 신학을 처음 시작하는 학생들이나 평신도들의 눈높이에 맞게 삼위일체론을 평이하게 기술하여 삼위일체에 대해 공부하고 싶다는 열의를 불러일으키는 매력을 지니고 있다. 또한 이미 삼위일체론에 대한 소양을 갖춘 신학자들에게는 삼위일체론에 대해서 복습할 수 있는 기회를 제공한다는 점에 있어서 매우 신선하게 다가온다.

헤르만 바빙크(Herman Bavinck)의 개혁신학적 삼위일체론에 토대를 둔 저자의 논의는 6개의 장으로 구성되어 있는데, 제1장에서는 삼위일체론에 대한 논의에 임하려는 자의 자세가 겸손해야 한다는 사실에 대해서 간략하게 다루고 있다. 제2장은 성경적 고찰로서 구약에 나타난 삼위와 일체를 구분하고, 신약에서도 동일한 방식을 취하여 이들을 접근한다. 이 장에서 독특한 대목으로는 구약에 나타난 일체에 대한 논의가 하나님의 속성으로서 단일성에 국한되지 아니하고 다양한 속성들로 논의의 범주가 확대되었다는 점을 들 수 있다. 제3장에서는 고대 교회의 대표적 신경들인 사도신경, 니케아 콘스탄티노플 신경, 그리고 아타나시우스 신경에 나타난 삼위일체론에 대한 논의로 시작하여 종교개혁 이후 개신교 신앙문서인 하이델베르크 요리문답, 웨스트민스터 소요리문답, 그리고 웨스트민스터 대요리문답에 대한 구체적 논의로 끝을 맺는다. '바른 용어 정리'라는 제목의 제4장에서는 많은 사람이 어렵게 느끼는 삼위일체론의 용어들에 대한 핵심적인 개념에 대한 해설을 통해 용어에 대한 올바른 이해를 제공하고 있다. 독자들의 이해도를 높이기 위해서 간략한 도식들이 활용되었는데, 이 부분은 특히 삼위일체론을 처음 공부하는 학생들에게 많은 도움을 줄 것으로 기대된다. 제5장에서는 삼위일체론에서 가장 많은 논란의 대상이 되었을 뿐 아니라 가장 빈번하게 다루어졌던 이단적 사고에 대해서 다루고 있다. 박재은 박사는 이 장의 제목을 '잘못된 삼위일체'로 정했는데 제4장의 제목이 '바른 용어 정리'였다는 점을 고려한다면, 논리적이고 체계적인 접근 방식으로 파악된다. 마지막으로, 제6장에서는 지금까지 논의된 내용들을 요약적으로 정리하는 가운데 책을 마무리하고 있다.

이 책은 삼위일체론을 배우고 싶었지만 주제가 지닌 어려움으로 인해 주저해 왔던 많은 한국 교회의 평신도들과 신학초보자들에게 매우 유익한 길잡이가 될 것으로 확신한다.

이신열 교수 (고신대학교, 조직신학)

삼위일체를 앎으로 기쁨으로 인도하다

삼위일체를 배우는 것은 필연적으로 '앎'과 '모름'을 늘 동시에 경험하게 되는 모순적 여정이다. 우리는 삼위일체 교리를 배우며 성경적 근거, 역사적 배경, 용어의 의미, 신앙생활의 적용 등을 듣고 무언가를 '알아가지만', 결국 끝에는 그 교리가 가리키는 무한한 신비를 만나며 우리는 '모른다고' 고백하게 된다. 이러한 여정 가운데 우리는 알게 되기 때문에 하나님을 기뻐하고, 또한 모른다는 것을 알게 되기 때문에 하나님을 경외한다. 즉 예배와 찬양으로 이끌려가는 것이다.

그러나 이 모순적인 예배의 여정을, 단지 지적으로 깔끔하게 이해되지 않는다는 이유만으로 포기해 버린 사람들이 얼마나 많은가! 저자는 전작들에서 보여주었던 그 특유의 명료함과 깔끔한 글쓰기를 통해 이러한 성도에게 경배와 찬양의 여정을 계속하도록 격려한다. 이 책의 최고 무기는 명료함인데, 저자는 명료하게 성경적이고 역사적으로 교리를 설명하며 독자를 앎의 기쁨으로 인도한다. 그러나 저자는 삼위일체 하나님을 깔끔하고 완전하게 이해할 수 있다는 오만을 그의 겸손한 신학 작업을 통해 피해가며 '모름'을 인정하는 경외로 독자를 인도한다. 당신이 하나님을 예배하기 원한다면, 기뻐하고 두려워하기 원한다면 이 책으로 들어가라.

이정규 목사 (시광교회 담임)

들어가는 말

나는 신학교에서 신론 수업시간에 신학생들에게 삼위일체를 가르치고 있으며, 교회에서도 다양한 연령층의 성도에게 삼위일체를 가르치고 있다. 삼위일체를 가르칠 때마다 들었던 생각은 크게 세 가지로 압축된다. 첫째는 많은 사람이 삼위일체 하나님을 모르고 있구나, 둘째는 삼위일체 하나님을 오해하고 있구나, 셋째는 삼위일체 하나님에 대해 아예 관심이 없구나 하는 생각이었다. 나는 이 책을 통해 이 세 가지 생각을 깨려고 한다. 다시 말해, 이 책을 통해 삼위일체 하나님을 '알 수 있도록' 도움을 줄 생각이다. 또한 삼위일체 하나님에 대한 '오해를 풀 수 있도록' 노력에 노력을 거듭할 것이며, 삼위일체 하나님께 대한 '관심을 불러일으키도록' 거룩한 동기를 고취시키려고 한다.

이는 매우 중요한 작업이다. 왜냐하면 신앙생활의 핵심은 성경에 계시된 삼위일체 하나님의 본질과 사역을 올바로 발견하여 그로 인해 나의 믿음의 의식과 삶의 방향성을 바꾸는 것이기 때문이다. 삼위일체 하나님을 올바로 아는 정도만큼 나의 신앙생활의 성숙함 정도 또한 결정될 것이다. 성도가 삼위일체 하나님을 아는 일에 힘써야 하는 이유가 바로 여기에 있다.

이 책의 특징은 크게 네 가지로 압축해 표현이 가능하다. 신학적 관점, 역사적 관점, 교육적 관점, 난이도 관점으로 대변할 수 있다.

첫째, 이 책의 신학적 관점은 '개혁신학'(改革神學, Reformed theology)적 관점을 견지하고 있다. 개혁신학이란 16~17세기 유럽에서 발흥한 종교개혁(宗敎改革, the Reformation)이 추구했던 가치와 사상을 따르는 신학 학풍으로 '늘 새롭게 고쳐나가는' 신학을 뜻한다. 늘 새롭게 고쳐나가는 기준점은 정확무오한 진리의 말씀인 '성경'과 '하나님의 영광'이다. 개혁신학적 관점에서 삼위일체를 조망한다는 말은 하나님의 자기 계시인 성경에 드러난 삼위일체 하나님을 찾아보려는 일련의 노력을 함의하며, 동시에 성경 전반에 드러난 삼위일체 하나님의 탁월하심을 향해 무한한 경배와 찬양을 올려 드리는 것을 영광스럽게 경험하는 것 또한 내포하고 있다.

둘째, 이 책은 교회 역사 속에 나타난 삼위일체 관련 논의들을 타산지석으로 삼아 정통 삼위일체 교리의 본질을 파악하려고 노력하였다. 이를 위해 삼위일체론과 관련된 각종 초대 교회 이단들(예를 들면 아리우스주의, 사벨리우스주의 등)의 핵심을 되짚어 보았다. 동시에 다양한 신경과 신앙고백서 그리고 교리문답서들(예를 들면 사도신경, 니케아-콘스탄티노플 신경, 아타나시우스 신경, 하이델베르크 교리문답, 웨스트민스터 신앙고백, 웨스트민스터 대교리문답, 웨스트민스터 소교리문답 등)의 가르침들을 통해 정통 삼위일체론의 정수를 낱낱이 느끼게 하였다.

셋째, 이 책은 교육적 관점을 견지하고 있다. 먼저 삼위일체론을 구성함에 있어서 반드시 알아야 하는 삼위일체 '용어'들을 말끔히 정리해 불필요한 신학적 혼동을 제거하였다. 또한 삼신론이나 단일신론으로 대변되는 삼위일체 하나님에 대한 각종 오해들의 맹점들을 살펴보고 불필요한 오해들을 제거하는 데 주력하였다. 뿐만 아니라 잘못된 삼위일체론과 올바른 삼위일체론을 정확히 파악함으로 독자가 삼위일체 하나님에 대한 선명한 분별력을 함양할 수 있도록 노력하였다. 이러한 작업은 네덜란드의 개혁신학자였던 헤르만 바빙크(Herman Bavinck, 1854-1921)의 빛 아래서 하였다.

넷째, 이 책의 난이도 구성은 너무 쉽지도, 그렇다고 해서 너무 어렵지도 않게 구성하였다. 신학을 처음 접하는 신학 초년생에게는 부담 없는 삼위일체 개론서로, 삼위일체 하나님을 알고자 하는 열망이 있는 성도에게는 한번 도전해볼 만한 수준의 교리 개론서로, 신학에 조예가 깊으신 분들에게는 다시금 자신의 믿는 바 도리를 확인할 수 있는 수준의 복습서 정도의 난이도로 구성하였다. 이 책을 교재로 삼아, 교회 내 각종 모임이나 학교 수업에서 숙련된 인도자의 가르침을 따라 삼위일체 하나님을 공부한다면 큰 유익이 있으리라 확신한다.

이 책은 총 6장으로 구성되어 있다. 위에서 살펴본 신학적, 역사적,

교육적 관점을 포괄하여 각 장마다 주제별로 삼위일체 하나님을 탐구해 나갈 것이다. 1장에서는 삼위일체 하나님을 탐구하는 자가 반드시 가져야 할 자세를, 2장에서는 성경이 말하고 있는 삼위일체 하나님을, 3장에서는 신경, 신앙고백서, 교리문답서들이 말하고 있는 삼위일체 하나님을, 4장에서는 삼위일체 용어들을 정리하는 시간을, 5장에서는 잘못된 삼위일체론을 파악해 보는 시간을, 6장에서는 올바른 삼위일체론을 재확증하는 시간을 갖도록 하였다. 이러한 작업을 통해 올바른 삼위일체 하나님이 우리의 뇌리와 삶 속 깊숙한 곳에서 선명히 드러나길 소망한다.

삼위일체 하나님을 탐구하는 것은 대단히 영광스러운 일이다. 이 영광스러운 일에 동참하는 나와 당신은 하나님 앞에서 큰 은혜를 받은 사람이다. 담담히 계시에 의존하여 삼위일체 하나님의 본질과 사역을 발견하는 가운데 큰 은혜와 기쁨이 넘치길 바란다. 이 모든 영광을 성삼위일체 하나님께!

관악산 끝자락 서재에서
저자 박재은

차례

추천사 004
들어가는 말 020

1장 삼위일체 하나님을 대하는 자세   027
질적 차이
겸손함
찬양과 경배

2장 성경이 말하는 삼위일체   041
구약 성경에 드러난 삼위 하나님
신약 성경에 드러난 삼위 하나님
구약 성경에 드러난 일체 하나님
신약 성경에 드러난 일체 하나님

3장 신경이 말하는 삼위일체   087
사도신경
니케아-콘스탄티노플 신경
아타나시우스 신경
하이델베르크 교리문답
웨스트민스터 신앙고백서
웨스트민스터 대교리문답
웨스트민스터 소교리문답

4장 바른 용어 정리 — 121

용어 사용의 정당성
'하나의 본질'을 표현하는 용어
'세 위격'을 표현하는 용어
위격 간 관계에 대한 용어

5장 잘못된 삼위일체 — 151

삼신론
단일신론

6장 올바른 삼위일체 — 173

삼위일체 하나님을 대하는 자세
성경이 말하는 삼위일체
신경이 말하는 삼위일체
바른 용어 사용
잘못된 삼위일체
올바른 삼위일체

나가는 말 193
참고문헌 196

1장

삼위일체 하나님을 대하는 자세

삼위일체(三位一體, the Trinity) 하나님[1]을 논구하기 전에 반드시 우리가 해야 할 작업은, 우리의 자세를 다시 한 번 바르게 곧추세우는 것이다. 계몽주의적 사관에 입각한 이성(理性, reason)으로 혹은 물질주의적 사관에 입각한 과학(科學, science)으로 삼위일체 하나님께 접근하려는 자세는 얼마 가지 않아 삼위일체 하나님을 인식하는 데 있어 실패를 경험하게 될 것이다.[2]

---

1 전통적인 삼위일체론의 특징과 개념들을 정리하기 위해서라면 Joel R. Beeke & Mark Jones, "The Puritans on the Trinity," in *A Puritan Theology: Doctrine for Life* (Grand Rapids: Reformation Heritage Books, 2012), pp. 85-100을 참고하라.

2 현대 신학에서 말하고 있는 다양한 형태의 변용된 삼위일체론에 대해서는 프레드 샌더스, "삼위일체," 『현대 신학 지형도: 조직신학 각 주제에 대한 현대적 개관』, 캘리 케이픽, 브루스 맥코맥 편, 박찬호 역 (서울: 새물결플러스, 2016), pp. 50-90을 참고하라.

왜냐하면 삼위일체 하나님은 이성과 과학만으로 오롯이 이해되어지는 대상이 아니기 때문이다. 그러므로 삼위일체 하나님으로의 여정을 시작하며, 그분을 향한 우리의 자세를 다시금 바로 잡을 필요가 있다.[3]

1장에서는 삼위일체 하나님을 대하는 자의 바른 자세에 대해 세 가지 측면으로 살펴보고자 한다. 먼저는 하나님과 인간 사이에 존재하는 무한한 '질적 차이'를 고찰하고, 그 다음에는 그 질적 차이를 철저히 인식한 인간이 내뿜어야 하는 하나님 앞에서의 '겸손함'에 대해 다룰 것이다. 그리고 마지막으로 삼위일체 하나님을 논구하는 인간이라면 탁월하신 삼위일체 하나님께 응당 올려 드릴 수밖에 없는 '찬양과 경배'의 자세에 대해 살펴보고자 한다.

3　삼위일체 하나님을 이해하기 위해서라면 위대한 교부인 아우구스티누스(Augustine, 354-430)의 글을 읽으면 개념 정리에 도움이 많이 된다. 아우구스티누스, 『삼위일체론』, 성염 역 (서울: 분도출판사, 2015). 삼위일체론에 대한 다음과 같은 근간된 책들을 참고하면 삼위일체 하나님에 대한 풍성한 이해가 덧붙여질 것이다. 스티븐 홈즈 외 3인, 『삼위일체란 무엇인가』, 임원주 역 (서울: 부흥과개혁사, 2016); 프레드 샌더스, 『삼위일체 하나님이 복음이다』, 임원주 역 (서울: 부흥과개혁사, 2016); 이동영, 『송영의 삼위일체론: 경배와 찬미의 신학』, (서울: 새물결플러스, 2017); 마이클 호튼 외 7명, 『성부 성자 성령 삼위 하나님』, 조계광 역 (서울: 생명의말씀사, 2015); 백충현, 『내재적 삼위일체와 경륜적 삼위일체』 (서울: 새물결플러스, 2015); 유해무, 『삼위일체론』 (파주: 살림, 2010).

올바른 자세가 올바른 결과물을 낳는다. 이번 장을 통해 흐트러진 우리 마음의 자세를 다시 한 번 고쳐 잡고, 삼위일체 하나님으로 향한 값진 여정의 시작을 올바른 자세와 함께 펼쳐보길 바란다.

질적 차이

하나님에 대해 연구하는 학문인 신론(神論, the doctrine of God)은 크게 두 가지 영역으로 나뉜다. 하나는 하나님의 '존재'(存在, existence)를 논구하는 영역과 또 다른 하나는 하나님의 '사역'(使役, works) 즉 하나님의 일[4]을 논구하는 영역이다.[5] 우리가 이 책에서 살펴볼 주제인 '삼위일체'는 하나님의 존재를 논구하는 영역에서 다뤄지는 주요 주제들 중 하나이다.

하나님의 존재를 다룰 때 흔히 우리가 저지르기 쉬운 실수

---

4 '하나님의 존재'는 좀 더 구체적으로 하나님의 존재 논증, 하나님에 관한 인식 가능성, 하나님의 속성(공유적&비공유적 속성), 하나님의 이름, 삼위일체 등을 다루며, '하나님의 사역'은 하나님의 작정, 예정, 창조, 섭리 등을 다룬다.

5 하나님의 존재와 사역에 관해 핵심적으로 잘 정리한 조직신학 교본은 루이스 벌코프, 『벌코프 조직신학(합본)』, 권수경·이상원 공역 (고양: 크리스천다이제스트, 2000), pp. 205-386을 참고하라.

들 중 하나는, 마치 하나님을 개구리 해부대 위에 올려놓듯이 차가운 해부대 위에 올려놓고 관찰과 탐구의 대상으로 하나님을 건조하게 치부하는 것이다. 하지만 하나님은 실험실의 개구리와 같은 관찰의 대상이 아니다. 이 점에 대해서 프랑스의 종교개혁자 존 칼빈(John Calvin, 1509-1564)은 자신의 저서 『기독교 강요』(*Institutes of the Christian Religion*, 1559) 최종판에서 다음과 같이 고백한다.

> 하나님의 무한하심은 우리로 하여금 우리 자신의 잣대로 그를 재지 못하도록 우리에게 두려움을 주며, 또한 그가 영이시라는 사실은 그에 관한 어떤 세속적이며 육신적인 상상에 빠지지 못하도록 만드는 것이다.[6]

우리는 지금부터 무한하신 하나님의 존재의 형식인 삼위일체에 대해 살펴볼 것이다. 삼위일체를 살펴보기 전 반드시 숙고해야 할 사실 중 하나는, 하나님은 무한하시며 인간은 유한하다는 것이다. 무한과 유한 사이에 존재하는 질적 차이는 하늘보다 넓으며 바다보다 깊다. 유한은 무한을 품을 수 없다.

---

6 존 칼빈, 『기독교 강요』, 원광연 역 (파주: 크리스천다이제스트, 2016), p. 144 (*Institutes*, 1.13.1). 앞으로 칼빈의 『기독교 강요』를 인용할 때는 크리스천다이제스트 한글판 페이지 번호와 더불어 『기독교 강요』 권, 장, 절을 함께 표기하도록 하겠다(이후부터는 *Institutes* 표기를 *Inst.*로 줄여 표기하겠다).

무한이 유한에게 자신을 드러낼 때만 유한은 무한을 인식할 수 있다. 은혜 가운데 무한하신 하나님께서 유한한 인간에게 자신을 드러내시긴 하지만, 그럼에도 유한은 무한이라는 존재를 완전하게 그리고 온전히 이해할 수 없다. 신학에서는 이를 하나님의 '불가해성'(不可解性, incomprehensibility)이라는 단어로 표현한다. 불가해성은 곧 '신비'(神秘, mystery)라는 단어로 우리를 초연하게 만든다.

칼빈이 지적하듯, 불가해하고 무한하신 삼위일체 하나님을 자의적으로 재 보려는 우리의 잣대를 이제는 겸손히 벗어던질 때가 되었다. 하나님은 해부대 위의 개구리처럼, 이성과 과학이라는 잣대로 낱낱이 해부 당하는 존재 정도로 평가절하될 수 있는 대상이 아니다. 하나님의 무한하심은 고개를 빳빳이 치켜들고 하나님을 관찰하려고 하는 교만한 자들에게 오히려 거룩한 두려움을 선사하신다. 유한이 무한을 만날 때 나올 수밖에 없는 반응은, 탁월한 무한에 대한 경이로움으로부터 발흥되는 경외심이지 교만이 아니다.

그러므로 무한하신 삼위일체 하나님을 탐구하려는 자들인 우리가 가장 먼저 취해야 할 자세는, 하나님과 우리 사이의 무한한 질적 차이를 인정하는 것이다. 하나님은 창조주(創造主, the Creator)이시며, 우리 인간은 피조물(被造物, creature)이다. 창조주는 자신이 직접 만든 피조물의 구석구석을 필연적으로 조목조목 완전하게 아시지만, 피조물은 창조주의 구석구석을 절대로 조목조목 완전하게 알 수 없다. 이것이 바로 창조주와 피조물 사이에 존재하는 무한한 질적 차이다.[7]

창조주이신 삼위일체 하나님과 우리 사이에 존재하는 무한한 질적 차이를 인정한 자들에게 자연스럽게 수반되는 감정은 무한하신 하나님 앞에서의 순전한 '겸손함'이다.

겸손함

교회 직분을 막론하고 신앙생활을 오래 하신 분들에게 '삼위일체'란 단어는 매우 익숙하다. 삼위일체라는 단어는 기도 중에, 찬송가 가사 중에, 설교 말씀 중에 심심치 않게 등장하는 단어이기 때문이다. 하지만 익숙하게 수용되는 단어일수록 조심해야 한다는 사실을 아는가? 교정되지 않은 선입견이나 잘못된 교리의 바탕 위에서 오랜 세월 동안 수용되었을 가능성이 일견 존재할 수 있기 때문이다. 그러므로 무한하신 삼위

---

[7] 사도신경이 "전능하사 천지를 만드신 하나님 아버지를 내가 믿사오며"로 시작하는 것도 이런 맥락으로 이해할 수 있다. 사도신경의 첫 문장에 내포된 신학적 함의는 창조주(하나님)와 피조물(인간) 사이의 올바른 관계에 대한 신앙고백이라고 볼 수 있다. 사도신경에 대한 개괄적인 이해를 위해서라면 손재익, 『사도신경: 12문장에 담긴 기독교 신앙』(서울: 디다스코, 2017); 이운연, 『성경으로 풀어낸 사도신경』(여수: 그라티아출판사, 2017)을 참고하라.

일체 하나님을 살펴보려는 자들에게는 다음과 같이 세 가지의 겸손함이 필요하다.

첫째, 만약 혹시라도 내 속에 이미 형성되어 있는 삼위일체 교리에 신학적 오류가 있다면 바른 교리적 시각으로 내가 가진 오류를 기꺼이 교정할 의향을 갖는 자기 성찰적 내려놓음이 필요하다. 이는 바른 성경 교리를 탐구하고자 하는 모든 자에게 꼭 필요한 자세다. 고인 물은 필연적으로 썩기 마련이다. 하지만 흐르는 물은 썩지 않는다. 우리의 사고 속에 깨끗하고 건전한 교리적 물꼬를 틀 필요가 있다. 이는 '자기 자신만의' 교리를 사수하고자 완고하고 편협한 자세를 취하는 것이 아니다. 만약 '바른 성경적' 교리를 만나게 된다면, 기존의 자신의 것을 담담히 내려놓고 겸손함과 감사함으로 바른 교리를 기쁨으로 받아들일 수 있는 자세를 취함으로 가능하게 된다.

둘째, 무한하신 삼위일체 하나님의 머리 꼭대기 위로 올라가려는 과오를 범하지 말아야 한다. 삼위일체 교리는 하나님의 본체(本體)에 대한 신학적 진술이다. 하나님의 본체를 탐구하려는 자들에게 외치는 다음과 같은 칼빈의 성토는 삼위일체 하나님을 알고 싶어 이 책을 읽고 있는 우리 모두에게 시사하는 바가 크다.

> 측량할 수 없는 하나님의 본체를 인간의 작은 척도로 어떻게 잴 수 있단 말인가? 날마다 태양을 바라보면서도 그 태양의 본질을 파악조차 하지 못하고 있는 것이 사람이 아닌가? 자기 자신에 대해서도 잘 알지 못하는 인간의 마음이 어떻게 자기 힘으로 하나님의 본체를 탐구하려 한단 말인가?[8]

삼위일체를 탐구하려는 자에게 먼저 꼭 필요한 것은 앎을 향한 인간 스스로의 지식과 노력이 아니라 삼위일체 하나님 그분 자체가 우리에게 내려주시는 하나님의 은혜이다.

> 진실로 그는 거만한 자를 비웃으시며 겸손한 자에게 은혜를 베푸시나니[9] _잠언 3:34

겸손한 마음으로 삼위일체 하나님께 다가가는 자에게 하나님은 인식의 지평을 넓히는 은혜를 베풀어 주실 것이다. "힘써 여호와를 알자"(호세아 6:3)라는 말씀처럼, 우리는 삼위일체 하나님을 알기 위해 일평생에 걸쳐 노력에 노력을 거듭해야 한다. 거만하고 교만한 자세가 아닌 겸손한 자세로 말이다. 하나님과 인간 사이에 존재하는 거대한 질적 차이를 인정하고, 겸

---

8 칼빈, 『기독교 강요』, p. 175 (*Inst.*, 1.13.21).
9 앞으로 인용할 모든 한글성경은 특별한 표기가 없는 한 개역개정이다.

손한 자세로 하나님께 은혜를 갈구해야 한다. 야고보도 구약 성경을 염두하며 다음과 같이 우리에게 위로를 준다.

> 하나님이 교만한 자를 물리치시고 겸손한 자에게 은혜를 주신다 하였느니라 _야고보서 4:6

셋째, 삼위일체 하나님을 바르게 알기 위해서는 계시 의존 사색에 근거한 겸손함이 필요하다. 즉 특별 계시인 성경에 드러난 바대로, 또는 성경이 말하고 있는 선의 테두리 안에서 삼위일체 하나님을 논구해야 한다. 이러한 계시 의존성에 대해 칼빈은 다음과 같이 말한다.

> 성경의 감추어진 신비들을 논하는 일에 있어서 우리는 진지하고도 각별히 삼가는 자세를 견지하여, 우리의 생각과 언어가 하나님의 말씀 자체가 허용하는 한계를 넘어서는 일이 없도록 지극히 조심해야 할 것이다 … 하나님께서 친히 우리에게 계시하시는 대로 그를 생각하며, 오직 그의 말씀만을 근거로 해서 그에 대하여 탐구한다면, 그것이 바로 그 지식을 하나님 자신에게 맡기는 것이 될 것이다.[10]

---

[10] 칼빈, 『기독교 강요』, p. 175 (*Inst.*, 1.13.21).

삼위일체 하나님을 탐구하는 여정의 초입에 서 있는 우리에게 반드시 필요한 자세는, 계시의 빛 안에 겸손히 서서 삼위일체 하나님에 대한 지식을 한껏 드러내고 있는 계시 그 자체에게 삼위일체 하나님을 오롯이 내어 맡기는 것이다. 이러한 계시 의존 사색은 이 책의 2장에서 본격적으로 다루어지게 될 것이다.

지금까지 살펴본 삼위일체 하나님을 탐구하는 자가 반드시 가져야 할 세 가지 겸손함에 대해 요약하면 다음과 같다. 건강한 삼위일체 교리의 확립을 위해 기존에 가졌던 잘못된 교리적 이해를 과감히 내어버리는 겸손을 가져야 한다. 더불어 하나님의 본체를 탐구하는 자로서 겸손하게 하나님의 은혜를 갈구해야 하며, 계시의 빛 안에서 계시에 의존하여 사색하는 겸손한 자세가 반드시 필요하다.

찬양과 경배

삼위일체로 존재하는 하나님은 탁월하신 분이다. 차후에 천천히 살펴보겠지만, 삼위일체 하나님은 단 한 번도 세 위격과 한 본질 사이의 균형이 흐트러짐 없이 영원 전부터 존재하셨다. 또한 영원과 맞닿아 있는 현재에도 삼위일체로 존재하시며, 앞으로도 영원무궁 세세토록 삼위일체로 존재하실 것이다. 하나님은 무한하시므로 삼위일체로 존재하셔도 그 안에 어떠한 모순점도 없으시다. 오히려 하나님의 무한한 지혜와 사랑이 삼위일체 내에서 충만히 차고 넘쳐 발현될 뿐이다.[11] 유한한 인간의 눈으로 삼위일체 하나님을 바라볼 때에는 기껏해야 '신비'라는 단어로밖에는 그 무한하심을 표현할 길이 없다. 하지만 사실 삼위일체 하나님은 '신비'라는 유한하고 제한적인 인간의 언어적 표현 안에만 갇혀 있기에는 너무나도 과분하고 탁월한 분이다.

삼위일체 하나님의 탁월하심을 경험할 때 나올 수 있는 반응은 삼위일체 하나님께 대한 찬양과 경배이다. 우리는 이러한 모습을 이사야 6장에서 찾아볼 수 있다. 이사야 6장은 스랍들이 여호와 하나님을 모시고 서 있는 장면을 이사야 선지자

---

[11] 삼위일체 하나님의 본성과 하나님의 속성들(properties)과의 관계에 대한 탁월한 저서로는 Stephen Charnock, "A Discourse of the Existence and Attributes of God," in *The Complete Works of Stephen Charnock*, vol. 1 (Edinburgh: James Nichol, 1864), pp. 123-536을 참고하라. 스티븐 차녹(Stephen Charnock, 1628-1680)이 전개한 신론과 기독론과의 관계성을 논구한 나의 소논문 Jae-Eun Park, "Stephen Charnock's Christological Knowledge of God in *A Discourse of the Knowledge of God in Christ*," *The Confessional Presbyterian*, 10 (2014), pp. 73-81도 참고하라.

가 환상으로 본 장면에 대한 묘사이다. 여섯 날개를 가진 스랍들이 두 날개로는 자신들의 얼굴을 가리고, 다른 두 날개로는 자기들의 발을 가리며, 나머지 두 날개로는 하늘을 날며 다음과 같이 외친다.

> 거룩하다 거룩하다 거룩하다 만군의 여호와여 그의 영광이 온 땅에 충만하도다 _이사야 6:3

삼위일체 하나님을 모시고 서 있는 스랍들의 이러한 외침이 바로 삼위일체 하나님을 탐구하려는 여정의 초입에 서 있는 우리의 고백과 찬양이 되어야 한다. 거룩하고 광대하신 만군의 여호와 하나님, 그 삼위일체의 영광이 온 땅에 충만함에 대하여 찬양과 경배를 올려 드려야 한다. 삼위일체 하나님의 영광스러우심과 탁월하심을 경험하는 것만큼 복된 것은 없다. 삼위 하나님 사이에 가득 존재하는 사랑의 교통과 교제의 충만함이 차고 넘쳐 우리의 전 존재에 흥건히 적셔지는 것만큼 큰 복은 없다.

다음 장부터 본격적으로 삼위일체 하나님을 탐구해 들어갈 것이다. 먼저 무한하신 삼위일체 하나님과 유한한 인간 사이의 깊고도 넓은 질적 차이를 반드시 숙고해야 하며, 광대하신 하나님 앞에서 순전한 겸손함을 늘 견지한 채 여정의 고삐를 당겨야 한다. 뿐만 아니라 이 모든 탐구의 결과가 홀로 영광

받기 합당한 삼위일체 하나님께 드리는 찬양과 경배로 귀결되어야 한다.[12] 모든 찬양과 경배와 영광을 삼위일체 하나님께 올려 드리자!

---

[12] 청교도 신학자 토마스 굿윈(Thomas Goodwin, 1600-1680)의 삼위일체론을 탐구하다 보면, 굿윈이 얼마나 겸손한 자세로 찬양과 송영을 올려 드리며 삼위일체 하나님을 순적하게 탐구해 나갔는지 알 수 있게 된다. 이에 대해서는 나의 글 박재은, "토마스 굿윈(Thomas Goodwin, 1600-1680)의 삼위일체론", 『종교개혁과 하나님』, 개혁주의 신학과 신앙 총서 12권 (부산: 고신대학교 개혁주의학술원, 2018), 근간 예정을 참고하라.

NOTE

2장

성경이 말하는 삼위일체

하나님을 삼위일체로 이해하고 묘사해야 하는 이유는, 성경이 그렇게 말하고 있기 때문이다. 즉 삼위일체는 인간이 만든 신학적 고안물이 아니다. 삼위일체는 성경 스스로가 증거하고 있는 하나님의 자기 계시에 대한 신학적 정리다.

하나님은 자기 자신을 두 가지 방식으로 드러내시는데(즉 계시하는데) 하나는 '자연'(自然, nature)을 통해 드러내시고, 또 다른 하나는 '성경'(聖經, the Holy Bible)을 통해 드러내신다. 신학에서는 자연을 '일반계시'(一般啓示, general revelation)라 부르고, 성경을 '특별계시'(特別啓示, special revelation)라고 부른다.[13] 일반계

---

13 계시론에 대한 개신교 스콜라 신학의 탁월한 논의로는 다음을 참고하라. Francis Turretin, *Institutes of Elenctic Theology*, ed. James T. Dennison, Jr., trans. George Musgrave Giger (Phillipsburg: P&R Publishing, 1992), 1:55-167.

시인 자연을 통해 하나님을 일견 발견할 수는 있지만, 하나님의 본질과 속성 그리고 구원의 방식 등을 자연만물을 통해 선명히 발견하기에는 제한이 따른다. 예를 들면 미국 애리조나 주에 있는 거대한 협곡인 그랜드 캐니언(Grand Canyon)이 펼치는 경치를 가만히 바라보고 있노라면, 자연의 광대함과 웅장함 그리고 콜로라도 강을 끼고 장엄하게 펼쳐지는 거대한 수평 단층에 나타나는 아름다움과 신묘막측함을 느끼게 된다. 이를 통해 자연만물을 말씀으로 창조하신(창세기 1장) 하나님의 엄위로우심, 광대하심, 웅장하심, 지혜, 탁월하심, 아름다우심 즉 하나님의 속성들을 경험하게 된다. 그러나 그랜드 캐니언을 아무리 뚫어져라 살펴봐도 그 안에서 삼위일체 하나님의 신비로움, 삼위일체 내의 위격들 간의 관계, 예수 그리스도를 통한 구원의 방식 등을 발견하기에는 역부족이다. 이에 하나님께서는 자기 자신과 구속의 방식 등을 매우 선명한 방식, 즉 특별한 방식으로 드러내주셨다. 이 특별한 방식이 바로 성경이다. 성경은 인간 저자들이 성령으로 영감(靈感, inspiration)되어 하나님이 누구시고(하나님의 존재), 무슨 일을 하시는가(하나님의 사역)에 대해 기록한 하나님의 자기 계시이다.[14]

---

14 하나님의 말씀인 성경의 권위, 본질, 충분성, 명료성, 무류성 등에 대해서는 데이비드 가너 외 6인, 『성경, 정말 하나님의 말씀인가: 성경의 진실성과 신뢰성을 확증함』, 신호섭 역 (서울: 세움북스, 2017)을 참고하라.

만약 하나님께서 삼위일체로 존재하신다면, 하나님의 자기계시인 성경에 그 흔적들이 고스란히 드러나야 할 것이다. 그러므로 지금부터 할 작업은 하나님의 본질이 그대로 서려 있는 특별계시인 성경에 나타난 삼위일체 하나님의 모습들을 찾아보려고 한다. 작업 순서는 다음과 같다. 먼저 구약에 나타난 하나님의 위격적 복수성, 즉 '삼위' 하나님에 대해 살펴볼 것이다. 그후 신약에 나타난 삼위 하나님을 살펴볼 것이다. 하지만 하나님께서는 삼위(三位)로만 존재하는 것이 아닌 본질적 하나 됨, 즉 일체(一體)로도 존재하시기에 다시 한 번 구약으로 돌아가 '일체'를 말하고 있는 본문들을 살펴본 후 신약으로 넘어가 신약 성경이 말하고 있는 일체에 대해 살펴보도록 할 것이다. 이를 통해 드러나게 될 성경적 진리는 하나님께서는 '삼위일체'로 신·구약 전반에 걸쳐 자신을 지속적으로 드러내고 계신다는 것이다. 지금부터 하나님께서 스스로 증거하고 계신 스스로의 삼위일체성을 계시의 빛 아래서 조망해 보도록 하겠다. 겸손한 마음으로 이 작업에 함께 동참해 보라.

구약 성경에 드러난 삼위 하나님

특별계시인 성경은 기본적으로 구속사(구원의 역사)를 묘사하고 있다. 구속사는 예수 그리스도를 통해 죄인들을 구원하시려는 하나님의 역사로, 구약에서부터 시작하여 신·구약 중간기를 거쳐 신약을 향해 점진적으로 발전해 간다.[15] 이와 마찬가지로 삼위일체 하나님에 대한 계시도 구약으로부터 시작하여 신약을 향해 점진적으로 발전해 간다. 신약에서는 삼위일체의 각 위격들이 선명하게 등장하는 말씀이 수차례 발견되지만, 구약에서는 신약에 비해 그 선명함이 덜한 편이다.[16] 그럼에도 구약 성경 또한 삼위일체 하나님을 면면에 드러내고 있다. 지금부터 이 사실에 대해 탐구해 보자.

엄밀히 말해, 구약 성경에는 '삼위'(three persons) 하나님에 대한 표현보다는, 하나님을 '복수'(複數, the plural)형으로 묘사하는 표현이 더 자주 나온다. 하나님에 대한 이러한 복수형적 표현은 삼위일체 하나님을 탐구하는 우리에게 소중한 계시의 빛을 던져준다. 대표적으로 창세기 1장 26절을 살펴보자.

---

15 Cf. 윌렘 반 게메렌, 『구원계시의 발전사: 창조에서 새 예루살렘으로 가는 구원의 이야기』, 권대역 역 (서울: 솔로몬, 2017), passim.

16 그러므로 웨인 그루뎀(Wayne Grudem)은 구약에는 삼위일체에 대해 '부분적 계시'(partial revelation)가 나타나고, 신약에서는 '완전한 계시'(perfect revelation)로 나타난다고 지적한다. 그루뎀은 제안(suggest) 혹은 암시(imply)라는 단어를 사용해 삼위일체 하나님이 구약에서도 암시되거나 제안되고 있다고 기록한다. 웨인 그루뎀, 『성경 핵심 교리: 기독교 신앙의 필수 가르침』, 박재은 역 (서울: 솔로몬, 2018), p. 151을 참고하라.

> 하나님이 이르시되 **우리의** 형상을 따라 **우리의** 모양대로 **우리가** 사람을 만들고 그들로 바다의 물고기와 하늘의 새와 가축과 온 땅과 땅에 기는 모든 것을 다스리게 하자 하시고 _창세기 1:26

이 말씀에서 주목해야 하는 단어는 "우리"이다. 우리는 1인칭 복수형을 뜻하는 단어다. 이 말씀에서 인간을 창조하신 하나님께서 스스로를 "우리"로 칭하고 계신다. 물론 이 말씀에 나타난 단어 "우리"가 과연 숫자적으로 셋, 즉 삼위인가를 결정하기는 쉽지 않다. 그럼에도 이 말씀을 통해 알 수 있는 확실한 성경적 진리는, 하나님의 위격이 단수가 아닌 복수라는 것이다. 또한 "우리"라는 단어 가운데 내포된 의미는, 그 안에 '관계'가 있다는 뜻이다. 관계가 있다는 말은, 관계를 맺는 존재들끼리 서로 '구별'된다는 뜻이기도 하다.[17] 왜냐하면 서로 구별된 존재들 사이에서 상호 관계가 맺어지기 때문이다. 그러므로 창세기 1장 26절 말씀은 하나님의 위격의 복수성, 복수의 관계들 속에서의 상호 구별됨을 신학적으로 내포하고 있는 성경 말씀이다.

장엄한 성경의 역사가 펼쳐지는 초입인 창세기 1장에서부터 하나님의 위격적 복수성이 등장한다는 사실은 분명 의미

---

17 벌코프, 『벌코프 조직신학(합본)』, p. 283.

가 있다. 성경의 한 단어 한 단어는 성령의 영감으로 기록되었기 때문에 자의적으로 무의미하게 기록된 표현은 단 한 군데도 없다. 창세기 1장 26절의 "우리"라는 표현 역시 유의미하게 살펴보아야 할 이유가 바로 여기에 있다.

구약 성경은 다양한 말씀 속에서 하나님의 '우리'됨을 다각도로 증거한다. 인간이 바벨탑을 쌓아 하나님처럼 높아지려고 시도할 때 하나님은 다음과 같은 말씀으로 또 다시 스스로의 위격적 복수성을 드러내신다.

> 자, **우리가** 내려가서 거기서 그들의 언어를 혼잡하게 하여 그들이 서로 알아듣지 못하게 하자 하시고 _창세기 11:7

이 말씀에도 "우리"라는 단어가 등장한다. 성경에는 "우리"로서의 하나님이 내려오셔서 인간의 언어를 혼잡하게 만드셨고, 그로 인해 인간이 온 지면 위에서 흩어졌다고 기록되어 있다(창세기 11:8). 언어를 혼잡하게 만들기 위해 내려오신 하나님을 단수가 아니라 복수로 표현했다는 사실에는 분명 의미심장한 의도가 서려 있다. 다시 한 번 말하지만, 성경은 하나님의 자기 계시이다. "우리"라고 표현한 하나님의 자기 계시의 의도성에 주목해야 할 이유가 바로 여기에 있는 것이다.

하나님을 복수형으로 묘사하는 장면은 아담과 하와가 타락한 다음 가죽옷을 지어 입히신 후에 하신 하나님의 말씀에도 선명하게 서려 있다.

> 여호와 하나님이 이르시되 보라 이 사람이 선악을 아는 일에 **우리 중 하나** 같이 되었으니 그가 그의 손을 들어 생명 나무 열매도 따먹고 영생할까 하노라 하시고 _창세기 3:22

이 말씀은 앞에서 살펴본 창세기 1장 26절과 11장 7절과는 약간 다른 관점을 소개하고 있다. 앞의 두 말씀을 통해 하나님의 복수형적 표현인 "우리"에 주목했다면, 이 말씀을 통해서는 "우리 중 하나"(one of us)[18]라는 표현에 집중할 필요가 있다. "우리 중 하나"라는 표현은 하나님의 위격적 복수성과 그 복수성 안에 내포된 상호 구별성을 동시에 보여주는 표현이다. 왜냐하면 "우리 중 하나"라는 말은 여럿 중에(즉 복수 중에) 하나(단수)라는 것이고, 여럿과 하나는 분명히 서로가 구별되어야 하기 때문이다.

여기서 우리는 말하는 자인 화자(話者, a narrator)와 듣는 자인

---

[18] 앞으로 인용할 모든 영어 성경은 특별한 표기가 별도로 없는 한 NRSV(New Revised Standard Version, 1989)이다.

청자(聽者, a listener)의 관점에서 창세기 3장 22절을 살펴볼 필요가 있다. 이 말씀의 주도적인 화자는 말씀 초입에 언급된 대로 여호와 하나님이다("여호와 하나님이 이르시되"). 그렇다면 여호와 하나님은 누구에게 이 말씀을 하고 계신 것인가? 이 말씀 중반에 등장하는 "우리 중 하나"라는 표현을 염두에 둘 때 화자인 여호와 하나님의 말을 듣는 청자는 우리 중 하나 혹은 우리 중 여럿인 듯 보인다. 이 말씀 바로 다음에 이어지는 창세기 3장 23절에서 하나님은 타락한 아담을 에덴동산으로부터 내보내 땅을 갈게 만드는 결정을 하신다. 이 결정은 단독 결정이 아니라 바로 전 말씀인 창세기 3장 22절의 "우리"이신 하나님께서 서로 간에 화자와 청자가 되어 나눈 '대화'의 결과였다는 사실을 가늠해 볼 수 있다. 이러한 고찰 속에 드러나는 신학적 함의는 다음과 같다. 하나님께서 내리시는 모든 결정은 곧 삼위일체 하나님의 내부적 교제와 대화 그리고 상호 간 언약(약속)에 근거한다는 사실이다.[19]

---

19 우리의 구원 역시 영원 전 삼위일체 하나님의 내부 언약 관계 속에서 결정된 것이다. 이를 구속 언약(the covenant of redemption)이라고 부른다. 이 주제에 대해서는 John V. Fesko, *The Covenant of Redemption: Origins, Development, and Reception* (Göttingen: Vandenhoeck & Ruprecht, 2016); B. Hoon Woo, *The Promise of the Trinity: The Covenant of Redemption in the Theologies of Witsius, Owen, Dickson, Goodwin, and Cocceius* (Göttingen: Vandenhoeck & Ruprecht, 2018), 근간 예정을 참고하라.

이처럼 구약 성경의 초입인 창세기에서부터 하나님의 위격적 복수성이 여실히 드러나고 있다. 창세기 이후의 성경에서도 위격의 복수성을 계시하는 맥락은 끊어지지 않는다. 예를 들면 다윗 역시 시편 110편 1절에서 위격의 복수성에 대해 다음과 같이 노래한다.

> **여호와**께서 내 **주**에게 말씀하시기를 내가 네 원수들로 네 발판이 되게 하기까지 너는 내 오른쪽에 앉아 있으라 하셨도다 _시편 110:1

이 말씀에 나오는 주요 등장인물은 "여호와"와 "주"이다. 여호와와 주는 '예호바'(Jehovah)와 '아돈'(adon)이라는 히브리어로 각각 표현되었다. 엄밀히 말하면 '예호바'는 자존하신 하나님을 뜻하고, '아돈'은 주권자, 통치자, 주인 등을 뜻한다. 그러나 두 단어 모두 일반적인 성경 용례상 하나님을 지칭하는 용어이다.[20] 그러므로 이 말씀에 등장하는 인물은 분명 "여호와"와 "주"라는 단어로 서로 구별되고 있긴 하지만 엄밀히 따지면 같은 한 하나님, 자존하시고 영원하신 주 하나님을 지칭하는 것으로 보는 것이 옳다. 이런 맥락에서 대부분의 영어 성경

---

20 하나님의 이름에 관한 탁월한 논의로는 Herman Bavinck, *Reformed Dogmatics*, ed. John Bolt, trans. John Vriend (Grand Rapids: Baker Academic, 2003), 2:97-147을 참고하라.

은 "여호와"를 'LORD'로, "내 주"를 'my Lord'로 같은 단어를 사용해 표기한다.[21] 아마 다윗도 이 부분을 염두에 둔 채 예호바와 아돈을 사용했을 것이다.

"여호와"와 "주"가 엄밀하게는 같은 하나님을 지칭하는 것을 염두에 두고 있음에도, 다윗이 이 둘을 구별하고 있다는 사실에 우리는 주목해야 한다. 이 말씀은 "여호와"가 "주"에게 자신의 오른편에 앉아 있으라고 말씀하신 장면이다. 다윗은 한 여호와, 한 하나님을 염두에 두면서도 동시에 "여호와"와 "주"를 구별함으로 위격의 복수성을 드러내고 있다. 이 말씀에서 다윗이 염두에 두고 있는 "주"는 예수 그리스도다. 왜냐하면 이는 예수 그리스도 본인이 친히 마태복음 22장 44~45절에서 다윗의 시 110편 1절에서 말하고 있는 "주"가 바로 자기 자신이라고 밝혔기 때문이다.

> 주께서 내 주께 이르시되 내가 네 원수를 네 발 아래에 둘 때까지 내 우편에 앉아 있으라 하셨도다 하였느냐 다윗이 그리스도를 주라 칭하였은즉 어찌 그의 자손이 되겠느냐 하시니 _마태복음 22:44~45

---

21 영어 성경들 중에 ASV(American Standard Bible, 1901), YLT(Young's Literal Translation, 1898), DBY(The Darby Bible, 1884/1890)는 여호와를 발음 그대로 예호바(Jehovah)로 표기했고, WEB(World English Bible, 1833)은 야훼/야웨(Yahweh)로 표기했다.

결국 다윗은 시편 110편 1절을 통해 위격의 복수성, 보다 더 엄밀히 말하자면 삼위일체 중 두 위격에 대해 증거하고 있다. "주"이신 예수 그리스도라는 한 위격과 그리스도의 위격에게 자신의 오른쪽에 앉아 있으라고 말씀하시는 또 다른 위격인 성부 하나님의 위격이 바로 그것이다. 다윗은 시편 110편 1절에 기록된 "여호와"와 "주"라는 표현을 통해 이 두 위격은 같은 한 하나님이라는 사실과 그럼에도 이 두 위격은 서로 구별된다는 사실을 동시에 드러내고 있다.

창세기 1장 26절, 11장 7절, 3장 22절을 통해 한 하나님의 위격적 복수성이 드러났고 시편 110편 1절을 통해 성부와 성자의 위격이 드러났다면, 과연 성령의 위격과 관련된 삼위일체적 증거에 대해서 구약은 무엇이라고 말하는가? 구약은 이 질문에 대해 잠잠히 침묵만 하고 있는가? 그렇지 않다. 이사야 선지자는 여호와 하나님께서 이스라엘에게 베푸신 은총을 이야기하면서 여호와 하나님과 성령을 다음과 같이 서로 구별한다.

> 내가 **여호와**께서 우리에게 베푸신 모든 자비와 그의 찬송을 말하며 그의 사랑을 따라, 그의 많은 자비를 따라 이스라엘 집에 베푸신 큰 은총을 말하리라 그가 말씀하시되 그들은 실로 나의 백성이요 거짓을 행하지 아니하는 자녀라 하시고 그들의 구원자가 되사 그

> 들의 모든 환난에 동참하사 자기 앞의 사자로 하여금 그들을 구원하시며 그의 사랑과 그의 자비로 그들을 구원하시고 옛적 모든 날에 그들을 드시며 안으셨으나 그들이 반역하여 **주의 성령**을 근심하게 하였으므로 그가 돌이켜 그들의 대적이 되사 친히 그들을 치셨더니 _이사야 63:7~10

이사야 선지자는 이 말씀에서 "여호와"와 "주의 성령"을 구별한다. 여호와께서 이스라엘 백성에게 자비와 은총을 베풀어 사랑으로 그들을 구원하셨지만, 배은망덕한 이스라엘 백성은 여호와 하나님이 베푸신 사랑을 저버리고 반역하여 자기 소견에 옳은 대로 갈 길을 간다. 이사야 선지자는 이스라엘의 이러한 배도로 인해 "주의 성령"이 근심하게 되었다고 기록한다. 그후 뒤따르는 이사야 선지자의 설명에서 우리는 한 하나님의 위격적 복수성에 대해 살펴볼 수 있다. 여호와 하나님께서 배은망덕한 이스라엘 백성의 대적이 되셔서 주의 성령을 근심하게 한 자들을 친히 치셨다고 이사야 선지자는 기록하고 있기 때문이다.

이 내용을 위격의 복수성에 근거해 풀어보자. 은혜를 저버린 이스라엘 백성 때문에 근심한 위격은 10절에 언급된 대로 '성령'이다. 성령을 근심하게 만든 배은망덕한 이스라엘을 친히 치신 위격은 여호와 하나님, 즉 성부의 위격이다. 그러므로 이사야 63장 10절은 서로 다른 위격들의 행위를 구별하면서 묘사하는 장면으로 하나님의 위격적 복수성이 드러나고 있는 본문이라 평가할 수 있다.

지금까지 우리는 구약 성경에 드러난 삼위 하나님의 흔적들을 넌지시 따라가 보았다. 혹자는 삼위일체에 대한 구약 성경의 증거들에 만족하지 못할 수도 있다. 앞에서 살펴본 것처럼, 세 위격들이 각각 선명히 드러나기보다는 몇 인지 정확히 알 수 없는 위격적 복수성("우리")을 중심으로 창세기 속에서 그 증거들이 펼쳐지기 때문이다. 게다가 세 위격들이 동시에 등장하기보다는 구약 성경 곳곳에서 한두 위격들만 간헐적으로 드러나는 형태로 삼위일체의 증거들이 드러나기 때문에, 더 강력한 증거를 찾으려는 자들에게는 다소 덜 만족스러울 수도 있다.

그러나 구약 성경이 우리가 가진 계시의 끝은 아니다. 구약 성경은 계시의 점진적인 발전 과정 속에서 점차로 성숙해져, 계시의 실체인 예수 그리스도와 함께 신약 성경이라는 화단에서 삼위일체의 계시의 꽃이 활짝 만개하게 된다. 그렇다고 해서 삼위일체에 관한 구약 성경의 증거들이 무의미한 것은 아니다. 앞에서 살펴보았듯이, 구약 성경을 통해 삼위일체 하나님께서 친히 드러내주신 삼위일체 계시들을 얼마든지 추적할 수 있기 때문이다. 그러므로 미국 칼빈 신학교(Calvin Theological Seminary)의 조직신학 교수였던 루이스 벌코프(Louis Berkhof)는 자신의 책 『조직신학』(Systematic Theology)에서 구약 성경은 삼위일체 하나님에 대한 '선명한 예견'(clear anticipation)의 성격을 갖고 있다고 평가한 것은 옳다.[22]

이제부터 좀 더 밝은 계시의 빛 속으로 들어가 삼위일체 하나님을 조망해 보도록 하자. 이 작업은 옛적으로부터 예언되어진 예수 그리스도가 실제로 성육신하신 이후부터 기록된 신약 성경의 빛 아래서 할 필요가 있다. 그 이유는 신약은 구약을 자증하며, 구약은 신약을 자증하기 때문이다. 신·구약의 통합성과 유기성 가운데서 삼위일체 하나님의 자기 계시는 더 선명해지고 충만해질 것이다.

신약 성경에 드러난 삼위 하나님

신약 성경이 시작되는 마태복음 초반부터 삼위일체 하나님에 대한 강력한 계시의 빛이 내려쬐기 시작한다. 이는 예수 그

---

[22] Louis Berkhof, *Systematic Theology* (Carlisle: the Banner of Truth Trust, 2005), p. 86.

리스도께서 세례 요한으로부터 세례를 받으신 직후에 일어난 사건으로부터 촉발된다.

> **예수**께서 세례를 받으시고 곧 물에서 올라오실새 하늘이 열리고 **하나님의 성령**이 비둘기 같이 내려 자기 위에 임하심을 보시더니 **하늘로부터 소리가 있어 말씀하시되** 이는 내 사랑하는 아들이요 내 기뻐하는 자라 하시니라 _마태복음 3:16~17

이 말씀보다 더 선명하게 삼위일체 하나님의 세 위격들의 존재와 이름과 행동들이 구체적으로 묘사되어 있는 계시는 찾기 어려울 것이다. 삼위일체 하나님을 다룸에 있어 이 말씀이 유의미한 이유는, 삼위일체 각 위격들이 동시에 등장하기 때문이다. 이 말씀을 찬찬히 살펴보면 먼저 세례를 받으신 '예수 그리스도'가 존재하고, 동시에 비둘기같이 내리신 '성령'이 존재하며, 더불어 하늘로부터 소리를 내신 '성부'가 존재한다. 하늘로부터 소리를 내신 분이 성부인 이유는, 또 다른 위격인 예수 그리스도를 향해 '아들'이라는 호칭을 사용하며 부르셨기 때문이다. 이에 화답하여 사복음서 전반에 걸쳐 예수 그리스도께서도 자신을 아들이라고 부르는 위격을 향해 '아버지'(πατήρ)라 부르신다(마태복음 10:32~33; 마가복음 14:36; 누가복음 2:49; 요한복음 1:18 등).

게다가 마태복음 3장 16~17절은 삼위일체의 위격들의 숫자가 정확히 계시되어 있는 본문이다. 성부와 성자와 성령, 즉 세 위격이 선명하게 계시되어 있다. 신·구약의 상호 자증성(自證性, self-attesting)의 빛 아래서 살펴볼 때, 창세기 1장 26절이 말하고 있는 "우리"가 누구를 뜻하는지에 대해 마태복음 3장 16~17절이 밝히 보여주고 있다. 창세기 1장 26절에서 말하고 있는 "우리" 뿐만 아니라 앞에서 추가적으로 살펴본 창세기 11장 7절과 3장 22절에서 말하는 "우리"가 누구인지도 마태복음 3장 16~17절을 통해 가늠해 볼 수 있다. 신약 성경의 빛 아래서 볼 때 구약 성경에서 말하는 "우리"가 바로 성부·성자·성령 삼위일체 하나님이셨던 것이다.

마태복음의 마지막 장인 28장에서도 삼위일체 하나님에 관한 증거가 뚜렷이 등장한다. 마태복음 28장에는 장사한 지 사흘 만에 부활하신 예수 그리스도께서 제자들을 친히 만나는 장면이 기록되어 있다. 이 땅에서의 사역을 마치시며 자신의 제자들을 만난 그리스도께서는 다음과 같이 명령하셨다.

> 너희는 가서 모든 민족을 제자로 삼아 **아버지**와 **아들**과 **성령**의 이름으로 세례를 베풀고 내가 너희에게 분부한 모든 것을 가르쳐 지키게 하라 _마태복음 28:19~20

마지막 말씀인 결언(結言, concluding remarks)은 늘 의미가 있다. 지상 사역을 마치시며 제자들에게 명령하는 성격을 지닌 예수 그리스도의 결언 또한 신학적으로 중대한 의미를 내포하고 있다. 신학에서는 마태복음 28장 19~20절을 지상대명령(至上大命令, the Great Commission) 혹은 대위임령(大委任令)이라고 부른다.[23] 이는 예수 그리스도께서 승천하시기 전 마지막으로 제자들을 향해 분부하신 명령으로, 예수 그리스도의 제자라면 반드시 지켜야 하는 무조건적이며 보편타당성 있는 정언명령(定言命令, categorical imperative)을 뜻한다. 대위임령의 핵심을 차지하고 있는 내용은 총 세 가지인데 첫째는 모든 민족을 더불어 제자로 삼으라는 제자화의 부름이고, 둘째는 세례를 베풀라는 명령이며, 셋째는 예수 그리스도의 가르침을 가르쳐 지키게 하라는 당부이다.

삼위일체와 관련하여 우리가 주목할 부분은 지상대명령의 핵심 내용들 중 두 번째 세례 부분이다. 세례는 그리스도께서

---

[23] 대위임령의 의미와 구조에 대한 자료는 R. C. Sproul, *What is the Great Commission?* (Orlando: Reformation Trust, 2015); Kevin DeYoung & Greg Gilbert, *What is the Mission of the Church?: Making Sense of Social Justice, Shalom, and the Great Commission* (Wheaton: Crossway, 2011); Trent Rogers, "The Great Commission as the Climax of Matthew's Mountain Scenes," *Bulletin for Biblical Research*, 22.3 (2012), pp. 383-398; Robbie Castleman, "The Last Word: the Great Commission: Ecclesiology," *Themelios*, 32.3 (May 2007), pp. 68-70 등을 참고하라.

친히 제정하신 은혜의 방편들 중 하나다.[24] 또한 세례는 예수 그리스도께서 친히 제정하신 은혜언약의 거룩한 표지이기 때문에,[25] 은혜언약의 보증(保證, surety)이 되시는 당사자 예수 그리스도께서 세례에 관해 무엇을 어떻게 가르치셨는가에 우리는 주목할 필요가 있다. 예수 그리스도께서는 마태복음 28장 19절에서 "아버지"와 "아들"과 "성령"의 이름으로 세례를 베풀라고 세례의 방식을 정확히 가르쳐 주셨다. 그리스도께서 직접 세 위격을 언급하시며 세례의 방식을 말씀하신 것에 우리는 주목해야 한다. 예수 그리스도가 곧 말씀이시며(요한복음 1:1) 그가 곧 계시의 빛(요한복음 1:7)일 뿐만 아니라 그가 곧 하나님이시기 때문에(요한복음 1:2), 예수 그리스도께서 하신 모든 말씀은 삼위일체 하나님의 본체에 대한 가장 강력하고 신빙성 있

---

[24] 웨스트민스터 신앙고백서 27장 4절: "복음 안에서 우리 주 그리스도께서 제정하신 오직 두 성례들, 즉 세례와 주의 만찬이 있다. 그 어느 것도 합법적으로 임직된 말씀의 사역자 외에 누구에 의해서도 거행될 수 없다." Philip Schaff, ed., "The Westminster Confession of Faith," in *The Creeds of Christendom with A History and Critical Notes*, 3 vols. (New York: Harper & Brothers, 1919), 3:661. 한글번역은 웨스트민스터 회의, 『웨스트민스터 신앙고백서』, 김효성 역 (서울: 옛신앙, 2013), p. 93을 인용하였다.

[25] 웨스트민스터 신앙고백서 27장 1절: "성례들은 하나님께서 직접 제정하신 은혜언약의 거룩한 표시들과 확인물들로서 그리스도와 그의 은택들을 나타내며 그 안에서의 우리의 유익을 확증하며, 또한 교회에 속한 사람들과 세상의 나머지 사람들과 사이에 유형적 차이점을 주며, 그들로 하여금 하나님의 말씀에 따라 그리스도 안에서 하나님을 섬기도록 엄숙히 서약케 하는 것이다."

는 자기 계시요 자기 증거이기 때문이다. 그러므로 성부·성자·성령의 이름으로 세례를 주라고 말씀하신 예수 그리스도의 대위임령은 세례의 제정자인 하나님의 본체의 성격을 삼위일체 하나님으로 정확히 규정한 예수 그리스도의 자기 증거요 자기 확언이라고 볼 수 있다.

예수 그리스도의 이러한 삼위일체적 가르침은 그의 제자들에게도 여과 없이 그대로 전수되어 제자들의 서신서에도 그 흔적들이 또렷이 각인된다. 예를 들면 예수 그리스도께서 생전에 많이 아끼셨던 제자 베드로도, 자신의 첫 번째 서신인 베드로전서 초반에 삼위일체 하나님을 다음과 같이 명확히 증거한다.

> 곧 **하나님 아버지**의 미리 아심을 따라 **성령**이 거룩하게 하심으로 순종함과 **예수 그리스도**의 피 뿌림을 얻기 위하여 택하심을 받은 자들에게 편지하노니 은혜와 평강이 너희에게 더욱 많을지어다 _베드로전서 1:2

베드로는 이 말씀에서 삼위일체의 각 위격들의 이름과 더불어 각 위격들이 감당하는 뚜렷한 역할들까지도 구체적으로 묘사하고 있다. 즉 하나님 아버지와 성령 그리고 예수 그리스도라는 이름으로 삼위일체 하나님을 위격적으로 각각 구별한

후, 서로 다른 이름을 가진 위격들을 각 위격의 특징적인 역할들 속에서 서로 다르게 이해하고 있는 것이다. 성부 하나님을 미리 아심 즉 '예지'(豫知, foreknowledge)의 영역에서 이해하고, 성령 하나님을 '성화'(聖化, sanctification)[26]의 영역에서, 성자 하나님을 '속죄'(贖罪, atonement)의 영역에서 이해하는 베드로의 신학적 식견이 참으로 놀랍다. 이는 삼위일체 하나님 각각의 위격적 역할을 작정, 실행, 완성이라는 틀 가운데서 조망하고 있기 때문이다.[27]

그리스도인들을 핍박하는 데 앞장서다가 다메섹 도상에서 그리스도를 만난 후 회심하여 사도가 된 바울 역시 그의 서신들 곳곳에 삼위일체 하나님에 대한 증거들을 흩어뿌려 놓았다. 대표적으로 고린도후서 13장 13절을 살펴보자. 예배 마칠 때마다 하는 축도(祝禱, benediction) 시 자주 인용되는 성경 말씀이다.

---

[26] 성화의 영역에서 하나님의 주권과 인간의 책임/역할의 관계성에 주목한 나의 책 박재은, 『성화, 균형 있게 이해하기: 하나님의 주권 대 인간의 역할, 그 사이에서 바라본 성화』(서울: 부흥과개혁사, 2017)도 참고하라.

[27] 삼위일체 하나님과 위격들의 역할, 그리고 예수 그리스도의 삼중직(the threefold office)의 관계성에 대한 탁월한 저서로는 Robert J. Sherman, *King, Priest, and Prophet: A Trinitarian Theology of Atonement* (New York: T&T Clark International, 2004)를 참고하라.

주 예수 그리스도의 은혜와 **하나님**의 사랑과 **성령**의 교통하심이 너희 무리와 함께 있을지어다 _고린도후서 13:13

사도 바울은 이 말씀을 통해 축복의 근원을 삼위 하나님 모두에게 돌리고 있다. 구약 성경도 축복의 근원을 늘 여호와 하나님께 돌린다. 예를 들면 민수기 6장 24~27절 말씀이 대표적이다. 이 말씀도 역시 축도 시 많이 인용되는 말씀이다.

> 여호와는 네게 복을 주시고 너를 지키시기를 원하며 여호와는 그의 얼굴을 네게 비추사 은혜 베푸시기를 원하며 여호와는 그 얼굴을 네게로 향하여 드사 평강 주시기를 원하노라 할지니라 하라 그들은 이같이 내 이름으로 이스라엘 자손에게 축복할지니 내가 그들에게 복을 주리라 _민수기 6:24~27

이 말씀이 주목하는 바는 복을 베푸는 궁극적인 주체가 다름 아닌 바로 여호와 하나님이라는 사실이다. 하지만 민수기 6장 24~27절만 따로 떼어놓고 볼 때는, 축복을 베풀어 주시는 여호와 하나님이 삼위일체 하나님인지 아닌지 정확히 알 수는 없다. 그럼에도 민수기 6장 24~27절과 고린도후서 13장 13절을 같이 두고 볼 때, 만복의 근원 되시는 분은 바로 삼위일체 하나님이라는 사실을 두 본문 속에서 동시에 발견할 수 있다. 왜냐하면 고린도후서 13장 13절에서 은혜 베푸시는 분이 주 예수 그리스도라면, 그 은혜 베푸시는 분이 바로 민수기 6장 25절의 얼굴을 비추사 은혜 베푸시는 분으로 이해할 수 있기 때문이다. 또한 고린도후서 13장 13절의 사랑의 하나님을 민수기 6장 26절의 얼굴을 향하여 드사 평강을 주시는 분으로 생각할 수 있으며, 고린도후서 13장 13절의 교통하시는 성령이 곧 민수기 6장 24절의 이스라엘을 지키시는 분으로 생각할 수 있기 때문이다.

물론 민수기 6장 24~27절과 고린도후서 13장 13절의 내용들을 서로 완벽하게 등치시켜 병행 구절로 만들기에는 여러 모로 무리가 따른다. 그러나 복의 근원인 하나님을 그리는 두 본문들의 상호 연관성을 결코 간과해서는 안 될 것이다. 다시 말해 이 두 본문에 나타난 신학적 함의는 구약이나 신약이나 복을 주시는 분은 여호와 하나님이시고, 그 여호와 하나님은 성부·성자·성령 삼위일체로 존재하셔서 은혜와 사랑과 평강과 교통을 허락하시는 분이라고 정리할 수 있다.

사도 바울은 고린도후서 13장 13절뿐만 아니라 성령의 은사[28]를 언급하는 고린도전서 12장 4~6절에서도 삼위일체 하나님을 드러낸다.

---

[28] 성령과 성령 은사 사이의 관계성을 신약 성경으로 풀어낸 막스 터너, 『성령과 은사: 신약은 성령에 대해 무엇을 말하고 오늘날 성령의 은사는 어떻게 나타나는가』, 김재영·전남식 공역 (서울: 새물결플러스, 2011)를 참고하라.

> 은사는 여러 가지나 **성령**은 같고 직분은 여러 가지나 **주**는 같으며 또 사역은 여러 가지나 모든 것을 모든 사람 가운데서 이루시는 **하나님**은 같으니 _고린도전서 12:4~6

사도 바울은 이 말씀에서 은사, 직분, 사역을 성령-주(성자)-하나님(성부)으로 각각 연결시킨 후 다양한 은사, 직분, 사역의 삼위일체적 상호 통일성을 강조하고 있다. 즉 은사나 직분 그리고 사역은 사람에 따라 또는 환경에 따라 매우 다채롭게 펼쳐지지만, 그 은사나 직분 그리고 사역을 시작하고 관장하시는 분은 같은 한 하나님인 성부·성자·성령 삼위일체 하나님이라는 사실이 이 말씀을 통해 한껏 드러나고 있다.

이 말씀을 통해 삼위일체가 지닌 신비로운 신학적 진리 하나가 면면히 드러나고 있는데, 그것은 바로 삼위일체의 각 위격들이 서로 구별된 역할을 각각 감당한다 하더라도(베드로전서 1:2) 그 안에 내적인 유기성과 통일성이 가득 담겨 있어 서로 간에 어떠한 모순이나 갈등이 창출되지 않는다는 점이다. 은사나 직분 그리고 사역이 오색빛깔 영롱하게 다채롭다 하더라도 그 은사와 직분 그리고 사역의 근원은 같은 한 하나님이기 때문에 서로 간에 갈등이 없는 것처럼, 삼위일체 하나님 내의 위격적 다양성과 통일성은 본체의 근원 자체의 유일성에 근거하므로 내적 갈등이 있을 수 없다는 사실이 고린도전서

12장 4~6절에 내포된 귀중한 삼위일체 신학적 함의이다.

지금까지 신약 성경에 드러난 삼위 하나님에 대한 증거들을 하나씩 살펴보았다. 구약 성경과 비교해서 훨씬 더 선명하게 성부·성자·성령 삼위 하나님의 모습이 드러났음을 깨닫게 되었다. 계시의 점진적인 발전의 과정 속에서 구약 성경에 드러난 삼위 하나님은 말씀이 성육신 되신 예수 그리스도와 그의 제자들의 가르침을 통해 신약이라는 옷을 입고 더 영롱하게 드러났다. 예수 그리스도께서 세례 받으실 때 삼위일체의 각 위격들이 구속사 전면에 선명히 드러났으며, 예수 그리스도 자신으로부터 시작해서 그의 제자들을 통해 성부·성자·성령 하나님의 각 위격들과 그 역할들이 밝히 드러났음을 확인했다.

하지만 여기서 우리의 작업을 멈춰서는 안 된다. 특별계시인 성경은 하나님의 '삼위성' 뿐만 아니라 삼위 하나님의 본질적 하나이심 즉 '일체성' 또한 이야기하고 있기 때문이다. 잘못된 삼위일체론을 다룰 5장에서 구체적으로 살펴보겠지만 삼위와 일체를 동시에 이야기해야지 둘 중에 하나만 강조되거나 혹은 둘 중에 하나라도 간과된다면, 온갖 종류의 오류 가득한 삼위일체론으로 발전될 수밖에 없다. 그러므로 지금부터 성경이 말하고 있는 삼위 하나님의 본질적 '하나이심'에 대해 살펴보도록 하자. 작업 순서는 이전과 동일하게 구약을 먼저 보고, 그 다음 신약으로 넘어가도록 하겠다. 하나님의 삼위성과 일체성 사이에서 아름다운 균형을 잡고 있는 성경 계시의 숲으로 함께 들어가면 좋겠다.

구약 성경에 드러난 일체 하나님

하나님에 대해 연구하는 학문인 신론의 영역 중 하나님의 속성(屬性, properties)을 다루는 부분이 있다.[29] 하나님의 속성이란 하나님이 가지고 계신 성품 혹은 특성을 뜻하는데, 이를 웨스트민스터 신앙고백서(The Westminster Confession of Faith) 2장 1절에서는 다음과 같이 설명한다. 상반절만 살펴보자.

> 오직 한 분 살아계시고 참되신 하나님이 계신데, 그는 존재와 완전성에 있어서 무한하시며, 지극히 순결한 영이시며, 볼 수 없으시며, 몸이나 부분들이나 정욕이 없으시며, 불변하시며 광대하시며 영원하시며, 다 이해할 수 없으시며, 전능하시며 지극히 지혜로우

---

29 하나님의 속성론에 대해 탁월하게 정리한 헤르만 바빙크, 『개혁교의학』, 박태현 역 (서울: 부흥과개혁사, 2011), 2:183-321을 참고하라.

시며 지극히 거룩하시며, 지극히 자유로우시며 지극히 절대적이시며, 모든 일을 자신의 영광을 위해 자신의 불변하시며 지극히 의로우신 뜻의 계획을 따라 행하시며 …[30]

하나님의 다양한 속성 중 삼위일체 하나님의 본질적 하나이심을 탐구하고 있는 우리가 주목할 속성은 바로 웨스트민스터 신앙고백서 2장 1절의 첫 번째 부분, 즉 "오직 한 분 … 하나님이 계신데"라는 진술이 말하고 있는 속성이다. 이를 속성론에서는 하나님의 '단일성'(單一性, unity)이라고 표현한다. 단일성을 좀 더 풀어 표현하면, 하나님의 '하나이심'이라고 표현할 수도 있다.[31] 하나님의 하나이심 즉 단일성은 '유일성'(唯一性, only oneness)과 '단순성'(單純性, simplicity)으로 나뉘는데, 전자의 의미는 하나님께는 단지 단 하나의 신적 본질만 있다는 뜻이고 후자는 하나님의 속성들이 복합적인 합성물이 아니라

---

[30] Schaff, ed., "The Westminster Confession of Faith," 3:606.
[31] 김영재 교수는 삼위일체의 unity를 단일성으로 표기하지 말고 "하나 되심"으로 표기하자고 주장한다. 그 이유는 단일성이라는 표현 속에서 단일신론(單一神論, monarchianism)의 오류가 싹틀 수도 있다는 경계 때문이다. 이러한 지적은 옳은 지적으로 보인다. 그러므로 이 책에서도 가능하면 하나님의 단일성과 하나이심을 병기함으로 불필요한 오류를 줄이도록 하겠다. 이에 대한 구체적인 진술은 김영재, "한국교회의 삼위일체론," 「신학정론」 13.2 (1995), p. 373을 참고하라.

신적 존재 안에서 질적인 단일성을 갖고 있다는 것이다. 그러므로 '유일성'은 하나님의 독특성, 수적 단일성, 절대적 단수성을 표현하는 단어이고, '단순성'은 신적 본질의 내적-질적 단일성을 표현하는 단어라고 정리할 수 있다.[32]

삼위일체에서 말하는 '일체'는 하나님의 하나이심 즉 단일성 중에 유일성이란 단어가 내포하고 있는 의미를 공유한다. 이 의미는 삼위일체 하나님은 단지 단 하나의 신적 본질만 있다는 뜻이다. 신적 본질은 단 하나, 유일한 하나님이 바로 삼위일체 하나님의 본질이다.

여기서 잠시 혼란이 일어날 수 있다. 이 혼란을 바로 잡지 않고 논의를 진행하는 것은 아무런 의미가 없기에, 이 혼란을 반드시 여기서 풀고 가야 한다. 이 혼란은 앞에서 살펴본 내용 때문에 자연스럽게 피어오르는 혼란일 수 있다. 우리는 앞에서 신·구약에 걸쳐 증거 된 '삼위' 하나님에 대해 살펴보았다. 하지만 여기서는 하나의 하나님 즉 '일체'의 하나님을 이야기하고 있으니, 어느 장단에 춤을 춰야 할지 난감할 수 있다.

결론은 이렇다. 하나님은 분명 성부·성자·성령 삼위로 존재하시지만, 그것이 곧 세 가지의 서로 다른 본질로 존재하신

---

[32] 바빙크, 『개혁교의학』 2:212.

다는 뜻이 아니다. 삼위일체 하나님은 성경에 증거 된 대로 삼위로 존재하시지만(즉 세 위격으로 존재하시지만), 동시에 본질적으로는 일체 즉 하나이신 분이라는 뜻이다. 즉 성부와 성자와 성령은 본질적으로 서로 완전히 같다. 그러나 위격으로만 서로 구별된다. 이에 대해서는 4장 바른 용어 정리에서 좀 더 구체적으로 살펴보도록 하겠다.

하나님의 자기 계시인 성경에는 삼위일체 하나님의 본질상 하나이심에 대해 다각도로 증거하고 있다. 삼위일체 하나님의 본질적 단일성에 대한 대표적인 구약의 말씀으로는 신명기 6장 4절을 생각해 볼 수 있다.

> 이스라엘아 들으라 우리 하나님 여호와는 **오직 유일한 여호와**이시니 _신명기 6:4

신명기 6장 4절은 한글로 하나, 통일된 하나, 서수로는 첫째의 의미를 지닌 히브리어 '에하드'(echad)를 사용하여 하나님의 본질적 유일성과 수적 단일성을 표현하고 있다. 영어 번역본 KJV, NIV, NASB, RSV, BBE, ESV 등은 이 말씀을 "하나의 주"(one Lord)로 번역하였고, NRSV나 NLT는 "홀로이신 하나님"(God alone)으로 번역했다. 한글 번역본들도 이 본문을 다양한 표현으로 번역하고 있는데 개역한글(1996/184판)은 "오직 하나인 여호와", 공동번역(개정, 1999)은 "야훼 한 분뿐", 표준새번역(2001)은 "오직 한 분뿐", 킹제임스흠정역(2011/3판)은 "한 주", 현대인의성경(1997 수정판)은 "단 한 분밖에 없는 여호와", 우리말성경(2014/3판)은 "오직 한 분인 여호와", 바른 성경(2009/3판)은 "여호와는 한 분" 등으로 번역하고 있다. 성경 원어와 다양한 번역본들의 의미를 종합하면, 여호와 하나님은 단 하나의 홀로되신 유일한 주 하나님이라고 이해할 수 있다.

신명기 6장 4절이 지적하는 바와 같이 여호와 하나님은 오로지 단 한 분뿐이다. 이 의미를 삼위일체적 시각 하에서 재진술하면 여호와 하나님은 '본질적으로 단 한 분뿐'이라고 진술할 수 있다. 즉 삼위일체 하나님은 성부·성자·성령이라는 세 위격으로 존재하시지만, 그 본질에 있어서는 오직 하나로 유일하다는 말이다. 이는 여호와 하나님 외에 또 다른 신을 상정하는 다신론(多神論, polytheism)이나,[33] 하나님의 본질을 세 개로 나누는 오류를 범하는 삼신론(三神論, tritheism)적 이해와는 정면으로 배치되는 것이다(잘못된 삼위일체론에 대한 논의는 5장 잘못된 삼위일체에서 좀 더 구체적으로 다루고자 한다).

---

[33] 유일신론(monotheism)과 다신론(polytheism) 사이의 끊임없는 투쟁의 역사를 다룬 책으로는 Jonathan Kirsch, *God Against the Gods: the History of the War between Monotheism and Polytheism* (New York: Penguin Compass, 2005)을 참고하라.

사실 삼위일체 하나님의 본질적 하나이심에 대한 구약 성경의 증거는 신약 성경에 비해 풍부하지는 않다.[34] 오히려 구약 성경이 주목하는 바는 삼위일체 하나님의 본질적 하나이심보다는 여호와 하나님만이 여호와라는 이름을 받기에 합당한 유일한 하나님이라는 사실이다. 이는 이방신들과의 비교를 통해(신명기 32:21; 시편 96:5; 이사야 41:29; 예레미야 2:5; 다니엘 5:23; 하박국 2:19 등) 그리고 자기 자신 외에 다른 신은 없다는 여호와 하나님 스스로의 외침에 의해 강력히 증거 되었다(신명기 4:35, 32:39 등).[35]

삼위일체 하나님의 본질적 하나 됨에 대한 성경적 증거들은 신약 성경 구석구석에 훨씬 더 풍성히 등장한다. 신약 성경의 증거들은 단 하나의 홀로되신 유일한 주 하나님을 증거하고 있는 신명기 6장 4절의 의미를 훨씬 더 탄탄히 자증해줄 뿐만 아니라 삼위 하나님의 본질적 하나이심을 보다 더 뚜렷이 드러내주는 역할을 감당한다.

---

[34] Cf. 벌코프, 『벌코프 조직신학(합본)』, p. 256.
[35] 바빙크, 『개혁교의학』, 2:214-215.

신약 성경에 드러난 일체 하나님

신약 성경은 성부·성자·성령 삼위 간의 본질적 하나이심을 풍성하게 기록하고 있다. 이는 특히 계시의 완성인 예수 그리스도의 말씀과 가르침들 속에서 더욱더 선명히 드러난다. 삼위의 본질적 하나 되심이라는 표현이 담고 있는 핵심 내용은 다음과 같다. 성부·성자·성령이 온전히 같은 신적 본질 즉 동일한 신성(神性, divinity)을 갖고 있다는 것이다. 신학에서는 이를 '동일본질'(同一本質, consubstantiality)이라는 단어로 표현한다. 사실 '동일본질 한'(ὁμοούσιος)이라는 단어는 아리우스(Arius, c.250-c.336) 이단[36]에 반대하여 성부와 영원하신 로고스(λόγος)인 성자 그리스도와의 관계를 표현하기 위해 니케아 공의회(Councils of Nicaea, 325)에서 사용한 헬라어 표현으로 성부와 성자가 같은 신적 본질을 가지고 있다는 것을 확증하기 위해 사용한 단어였다.[37]

---

[36] Rowan Williams, *Arius: Heresy and Tradition* (Grand Rapids: W.B. Eerdmans, 2002); Michel R. Barnes & Daniel H. Williams, eds., *Arianism After Arius: Essays on the Development of the Fourth Century Trinitarian Conflicts* (Edinburgh: T. & T. Clark, 1993) 등을 참고하라.

[37] 기독론의 역사적 발전 과정을 위해서라면 Aloys Grillmeier, *Christ in Christian Tradition: From the Council of Chalcedon(451) to Gregory the Great(590-604)* (Louisville: Westminster John Knox Press, 1986)를 참고하라.

성부와 성자가 동일본질이라면, 또 다른 위격인 성령도 성부와 성자와 동일본질이어야 삼위 '일체' 하나님 내에 모순이 없을 것이다. 신약 성경은 삼위의 동일본질 됨을 곳곳에서 선명하게 기록하고 있다. 이에 대해 지금부터 세 부분으로 나누어 살펴보자. 살펴볼 순서는 성부와 성자의 동일본질 됨, 성부와 성령의 동일본질 됨, 성자와 성령의 동일본질 됨이다. 이 세 논의가 계시의 빛 아래서 종합될 때 삼위의 본질적 하나 되심이 밝히 드러나게 될 것이다.

먼저 성부와 성자의 동일본질 됨은 성자 그리스도 본인의 가르침 속에서 뚜렷이 드러난다. 주목할 말씀은 요한복음 10장 30절 말씀이다.

> **나와 아버지는 하나**이니라 하신대 _요한복음 10:30

"성부와 성자는 하나"라는 예수 그리스도의 가르침을 들었던 유대인들의 반응에 우리는 주목할 필요가 있다.

> 유대인들이 다시 돌을 들어 치려 하거늘 … 유대인들이 대답하되 선한 일로 말미암아 우리가 너를 돌로 치려는 것이 아니라 신성모독으로 인함이니 네가 사람이 되어 자칭 하나님이라 함이로라 _요한복음 10:31~33

유대인들이 돌을 들어 예수 그리스도를 치려고 한 이유는 단순히 나사렛 예수가 성부 하나님과 자신을 유사본질로 언급했기 때문이 아니라 지속적으로 자기 자신을 성부 하나님과 '동일본질'로 가르쳤기 때문이다(cf. 요한복음 5:22~23). 유대인들이 요한복음 10장 33절에서 말하고 있는 신성모독은 나사렛 예수가 하나님과 자신을 동일본질이라고 가르쳤던 가르침이었으며, 유대인들의 입장에서는 성부 하나님을 모독하는 이러한 가르침을 설파하는 자는 돌로 쳐도 율법상 전혀 문제가 되지 않는다고 생각했던 것이다. 이처럼 나사렛 예수의 가르침은 유대인들이 돌로 치고 싶을 만큼 성부와 성자 사이의 동일본질성을 지속적으로 선명하게 증거 한 가르침이었다.

예수 그리스도께서는 자신의 제자들에게도 성부와 성자의 동일본질성을 계속해서 가르치셨다. 물론 제자들이 처음부터 이 진리를 믿음으로 수납 가능했던 것은 아니다. 요한복음 14장은 예수 그리스도의 제자 빌립이 성부 하나님을 직접 보여 달라고 간청하는 장면이 묘사된 장이다. 성부 하나님을 보여 달라고 간청하는 빌립에게 예수 그리스도께서는 다음과 같이 말씀한다.

> 빌립아 내가 이렇게 오래 너희와 함께 있으되 네가 나를 알지 못하느냐 **나를 본 자는 아버지를 보았거늘** 어

> 찌하여 아버지를 보이라 하느냐 내가 아버지 안에 거
> 하고 아버지는 내 안에 계신 것을 네가 믿지 아니하
> 느냐 내가 너희에게 이르는 말은 스스로 하는 것이
> 아니라 아버지께서 내 안에 계셔서 그의 일을 하시는
> 것이라 _요한복음 14:9~10

 예수 그리스도께서는 성부 하나님을 보여 달라고 간청하는 빌립에게 다소 파격적인 대답을 내놓으셨다. 나사렛 예수를 본 자가 곧 성부 하나님을 본 자라고 말씀하신 것이다. 예수 그리스도와 빌립의 대화를 신학적으로 재구성해보면 다음과 같다. 빌립은 '삼위' 하나님 간 위격적 구별에 따라 성부 하나님을 성자 그리스도와 독립적으로 생각해 성자 그리스도께 성부 하나님을 가시적으로 보여 달라고 한 것이고, 예수 그리스도께서는 '일체'적 관점에서 성부와 성자는 동일본질이라는 사실을 염두에 두신 채 성부와 성자 사이의 관계를 말씀하신 것이다. 예수 그리스도께서는 요한복음 14장 10절 상반절 말씀, 즉 성자가 성부 안에 거하고 성부가 성자 안에 거한다는 말씀을 하시면서 성부와 성자의 동일본질성을 또다시 강조하셨다. 요한복음 14장 10절 하반절은 성부가 성자 안에 거하고 성자가 성부 안에 거하기 때문에, 성자의 가르침이 곧 성부의 가르침이고 성부의 가르침이 곧 성자의 가르침이라고 부연 설명하는 내용이다. 이러한 요한복음 14장 9~10절 가르침

을 요약 정리하면 성부와 성자는 본질적으로 같고, 상호 내주할 뿐만 아니라 동일본질성에 근거해 성부와 성자의 가르침은 서로 다르지 않다는 예수 그리스도의 직접적인 가르침으로 정리할 수 있다.

바로 위에서 살펴본 빌립처럼, 예수 그리스도의 제자들은 처음에는 성부와 성자의 동일본질 됨에 대해 잘 이해하지 못했다. 하지만 차후 그들의 인식의 지평이 넓어지면서 그들은 자신의 서신서에 성부와 성자의 동일본질 됨에 대해 정확히 기록하기 시작한다. 예를 들면 에베소를 중심으로 한 소아시아의 여러 교회에게 사도 요한이 편지를 보내면서 다음과 같이 성부와 성자의 본질적 하나 되심을 증거한다.

> 또 아는 것은 하나님의 아들이 이르러 우리에게 지각을 주사 우리로 참된 자를 알게 하신 것과 또한 우리가 참된 자 곧 그의 아들 예수 그리스도 안에 있는 것이니 **그는 참 하나님**이시요 영생이시라 _요한일서 5:20_

이 말씀에서 요한은 성부의 위격을 '참된 자'로 상정하고 성자의 위격을 '참된 자의 아들'로 상정하여 이 둘을 서로 구별하며 설명한다. 하지만 요한일서 5장 20절 후반절에 이 위격적 구별됨을 본질적 하나 됨으로 종합하고 있는데, 여기서 등장하고 있는 중요한 표현이 바로 "그는 참 하나님이시요"라는 표현이다. 현재 우리의 논의에 있어서 이 표현이 중요한 이유는, 요한이 성자 예수 그리스도를 "참 하나님"(ἀληθινὸς θεὸς)으로 지칭하여 부르고 있기 때문이다. 한국어로 하나님이라 번역되는 헬라어 단어 데오스(θεὸς)는 신약 성경 속에서 하나님의 신격, 유일하시며 참되신 하나님을 일컫기 때문에 요한의 이러한 표현은 성자 예수 그리스도가 곧 성부 하나님과 본질적으로 동일한 참되고 유일한 하나님이라는 사실을 드러내는 표현으로 볼 수 있다.

사도 바울 역시 성부와 성자의 동일본질 됨을 다음과 같이 정확히 기록한다.

> **그는** [예수 그리스도는] **근본 하나님의 본체**시나 하나님과 동등됨을 취할 것으로 여기지 아니하시고 _빌립보서 2:6

한글로 '본체'라고 번역된 헬라어 단어는 모르페(μορφή)인데 그 뜻은 형상, 형태, 모양, 본성 등으로 다양하게 번역이 가능한 단어다. 이 단어는 단순히 외적인 형상뿐만 아니라 본질적인 특징(essential character)까지도 내포하고 있다.[38] 이 단어의

---

38 형이상학적 관점에서 형상, 질료, 본질 등의 의미들을 다룬 나의 소논문 박재은, "16-17세기 개혁파 정통주의 시대의 형이상학 이해," 「교회와 문화」 37 (2016), pp. 135-165를 참고하라.

뜻에 비추어 빌립보서 2장 6절을 신학적으로 재진술하면 다음과 같다. 성부 하나님과 성자 그리스도는 그 본성, 형상, 형태상 본질적으로 그 특질이 동일하다는 것이다. 성자 그리스도의 성육신이 위대한 이유가 바로 여기에 있다. 본래 성자는 성부 하나님과 본질적으로 동등하신 분이셨는데 "오히려 자기를 비워 종의 형체를 가지사"(빌립보서 2:7) 사람들과 같이 되셨기 때문이다.[39]

바울이 예수 그리스도를 '하나님'으로 적시하여 부르는 성경 말씀에도 우리는 주목해야 한다. 고명한 율법학자 가말리엘의 제자요 바리새파 중의 바리새파인 바울이 회심하기 전에는 상상조차 할 수 없었던 내용을 다메섹 회심 후 바울서신 곳곳에서 증거하고 있는 것이다.[40] 즉 '예수 그리스도가 곧 하나님이시다'라는 진리를 곳곳에서 담대히 설파하고 있는 것이다. 아이러니하게도 회심 전에는 이러한 고백을 하는 자들을 잡아 가두는 일을 했다면, 회심 후에는 자신의 이러한 고백

---

39 근·현대에 이르러 성육신의 역사성과 실제성이 훨씬 더 강하게 공격받기 시작했다. 예를 들면 성육신 사건을 단순히 은유적, 상징적으로 이해해 성육신 사건 안에 내포된 깊이 있는 구속사적 의미와 신학적 함의를 놓치는 경향이 팽배해졌다. 이에 대한 비판적 논의로는 나의 소논문 박재은, "존 힉의 은유적 성육신 개념: 원인과 결과에 대한 개혁 신학적 고찰," 「한국개혁신학」 49 (2016), pp. 163-198을 참고하라.

40 Cf. 존 드레인, 『바울』, 이중수 역 (서울: 도서출판 두란노, 2001), pp. 14-25.

때문에 바울 자신도 수많은 고난과 매질을 당하게 된다(고린도후서 11:23~28). '예수 그리스도가 곧 하나님이시다'라는 바울의 외침을 로마서 9장 5절 말씀에 비추어 살펴보도록 하자.

> 조상들도 그들의 것이요 육신으로 하면 그리스도가 그들에게서 나셨으니 **그는 만물 위에 계셔서 세세에 찬양을 받으실 하나님**이시니라 아멘 _로마서 9:5

이 말씀에서 말하는 그들은 유대인들이다. 즉 예수 그리스도는 인성으로는 유대인의 혈통에서 태어나셨지만, 신성으로는 성부 하나님과 동일본질이신 하나님이라는 신학적 함의가 이 말씀 안에 내포되어 있다.[41] 성경 전반에 걸쳐 찬양과 경배 받기에 합당한 대상은 오로지 하나님밖에 없다는 사실이 뚜렷하게 드러난다(출애굽기 15:11; 시편 76:1~12, 29:1~11; 스가랴 14:9 등). 로마서 9장 5절에 내포된 신학적 함의가 중요한 이유는, 그리스도를 세세에 찬양과 경배 받기에 합당한 하나님으로 상정했기 때문이다.

---

41 그리스도의 신성과 인성의 위격적 연합은 그야말로 신비 그 자체다. 그리스도의 신성과 인성 사이의 관계를 마가복음 13장 32절 말씀에 비추어 재조망한 나의 소논문(박재은, "종교개혁 시대부터 종교개혁 후기 시대까지 나타난 마가복음 13:32의 '그리스도의 종말의 때에 대한 무지' 해석의 무게중심 변화 고찰," 「한국기독교신학논총」 100 (2016), pp. 131-161)도 참고하라.

사도 바울은 디도서에서도 예수 그리스도와 하나님을 등치시킨다.

> 복스러운 소망과 **우리의 크신 하나님 구주 예수 그리스도**의 영광이 나타나심을 기다리게 하셨으니 _디도서 2:13

바울은 이 말씀에서 한글로 "크신"이라 번역된 헬라어 단어 메가스(μέγας)를 사용해 예수 그리스도를 "크신 하나님"으로 지칭한다. 메가스가 하나님과 더불어 사용될 때는 하나님의 은혜와 위엄이 광대하다는 뜻이 내포되어 있다. 성부 하나님의 은혜와 위엄이 광대하신 것처럼 성자 그리스도의 은혜와 위엄 역시 광대한 이유는, 성부와 성자가 본질적으로 하나이시기 때문이라고 이해할 수 있다.

이제 성부와 성령 사이의 동일본질 됨을 살펴보겠다. 만약 성부와 성령이 똑같은 신성을 가지고 계신다면, 이 두 위격은 서로 같은 본질을 소유하고 계신다고 볼 수 있다.[42] 그러므로 다음부터는 성경이 말하는 성령의 신성에 대해 살펴보도록 하겠다.

---

42 성령의 위격에 관한 올바른 조망을 위해서는 최근 역간 된 베르너 쿠르쉐,『칼빈의 성령론』, 정일권 역 (부산: 고신대학교 개혁주의학술원, 2017)을 참고하라.

먼저 주목할 필요가 있는 성경 말씀은 고린도전서 2장 10~11절이다. 이는 하나님과 성령 사이의 관계를 잘 드러내 주고 있는 말씀이다.

> 오직 하나님이 성령으로 이것을 우리에게 보이셨으니 **성령은 모든 것 곧 하나님의 깊은 것까지도 통달**하시느니라 사람의 일을 사람의 속에 있는 영 외에 누가 알리요 이와 같이 하나님의 일도 하나님의 영 외에는 아무도 알지 못하느니라 _고린도전서 2:10~11

1장 삼위일체 하나님을 대하는 자세에서 살펴보았듯이 하나님은 무한하신 분이다. 인간이 무한한 하나님을 온전히 이해할 수 없는 이유는, 인간 자체가 지극히 유한한 존재이기 때문이다. 하지만 고린도전서 2장 10절 말씀은 성령께서 무한하신 하나님의 깊은 것까지도 통달하신다고 말씀하고 있다. 무한하신 하나님의 깊은 것까지도 통달할 수 있는 존재는 무한한 하나님 외에는 없다. 그러므로 본문이 말하고 있는 바는 성령도 무한한 하나님이시며, 신성과 본질에 있어서 성부 하나님과 동일한 분이라는 것이다.

사도행전의 저자인 누가 역시 성부와 성령의 동일본질 됨을 베드로와 아나니아 사이에 벌어졌던 이야기를 중심으로 증거한다.

> 베드로가 이르되 아나니아야 어찌하여 사탄이 네 마음에 가득하여 네가 **성령**을 속이고 땅 값 얼마를 감추었느냐 땅이 그대로 있을 때에는 네 땅이 아니며 판 후에도 네 마음대로 할 수가 없더냐 어찌하여 이 일을 네 마음에 두었느냐 사람에게 거짓말한 것이 아니요 **하나님**께로다 _사도행전 5:3~4

베드로는 땅 값을 속인 아나니아에게 성령을 속였다고 언질한 후(3절) 성령을 속이는 것이 곧 하나님께 거짓말하는 것이라고(4절) 성령과 하나님을 등치시키고 있다. 아나니아를 향한 이러한 베드로의 질책은 베드로가 성령과 하나님을 동일본질로 이해하지 않았다면 절대로 할 수 없는 말이다.

성령의 위격께 하나님의 속성들이 부여되는 다른 성경 말씀들, 예를 들면 성령의 전지성(이사야 40:13~14), 편재성(시편 139:7~10), 전능성(로마서 15:19)[43] 등을 굳이 구체적으로 나열하지 않는다 하더라도 앞에서 살펴본 두 성경 증거들만 보아도 성경 저자들은 성령의 위격과 성부 하나님의 위격을 동일본질로 이해하고 있음을 알 수 있다. 즉 고린도전서 2장 10~11절과 사도행전 5장 3~4절 말씀은 성령의 위격이 삼위일체 하나님의 다른 위격들과 동일한 신적 본질을 지니고 계신 분이라

---

[43] Cf. 벌코프, 『벌코프 조직신학(합본)』, pp. 295-297.

는 사실을 잘 드러내주는 말씀이라 평가할 수 있다.

마지막으로 살펴볼 내용은 성자와 성령 사이의 동일본질 됨이다.

> 그러나 진리의 성령이 오시면 그가 너희를 모든 진리 가운데로 인도하시리니 그가 스스로 말하지 않고 오직 들은 것을 말하며 장래 일을 너희에게 알리시리라 **그가 내 영광을 나타내리니 내 것을 가지고 너희에게 알리시겠음이라 무릇 아버지께 있는 것은 다 내 것이라** 그러므로 내가 말하기를 그가 내 것을 가지고 너희에게 알리시리라 하였노라 _요한복음 16:13~15

요한복음 16장 13~15절에 의하면, 성령은 스스로 말하지 않고 '예수 그리스도의 것'을 가지고 우리에게 말씀하는 진리의 영이시다. 요한복음 16장 15절에 의하면, 성부의 것이 곧 예수 그리스도의 것이기 때문에 성령은 성부의 것을 가지고 우리에게 말씀하는 진리의 영이라고도 볼 수 있다. 이는 성부·성자·성령이 서로 동일본질이 아니면 불가능한 것으로, 각 위격들이 서로가 서로를 독립적으로 취급하는 것이 아니라 '같은 본질의 것'을 서로 함께 소유하고 있다는 성경적 증거라고 볼 수 있다.

지금까지 우리는 성부·성자·성령 사이의 동일본질 됨을 증거하고 있는 신약 성경의 증거들을 다각도로 살펴보았다. 성부와 성자가, 성부와 성령이, 성자와 성령이 서로 동일본질이라는 말은 곧 성부·성자·성령 세 위격이 본질적으로 하나라는 뜻이다. 바울은 이러한 진리를 자신의 다양한 서신서 속에서 증거하고 있다. 바울이 외치는 증거들을 살피면서 본 논의를 마무리 지으려고 한다.

> 주도 한 분이시요 믿음도 하나요 세례도 하나요 **하나님도 한 분**이시니 곧 만유의 아버지시라 만유 위에 계시고 만유를 통일하시고 만유 가운데 계시도다 _에베소서 4:5~6

> **하나님은 한 분**이시요 또 하나님과 사람 사이에 중보자도 한 분이시니 곧 사람이신 그리스도 예수라 _디모데전서 2:5

> 할례자도 믿음으로 말미암아 또한 무할례자도 믿음으로 말미암아 의롭다 하실 **하나님은 한 분**이시니라 _로마서 3:30

바울은 지속적으로 하나님을 "한 분"이라고 소개하고 있다. 여기서 바울이 말하는 '한 분 하나님'은 위격적 복수성과 구별성이 전무한 단일신론적 하나님을 말하고 있는 것이 아니다. 오히려 세 위격으로 존재하지만 각 위격들의 본질이 서로 동일하다는 본질적 하나이심에 근거한 유일한 삼위일체 한 하나님에 대해 말하고 있는 것이다. 만약 바울이 후자의 이해가 아닌 전자의 이해를 가진 채 한 분 하나님을 말하고 있다면, 바울 스스로 자기 모순에 빠지는 것이다. 결국 바울의 한 분 하나님에 대한 이해는 후자의 이해, 즉 세 위격이지만 본질적으로 하나이심의 맥락 가운데 말하고 있는 한 분 하나님이라고 정리할 수 있다.

최종적으로 본 장을 정리할 때가 되었다. 본 장의 주제는 성경이 말하고 있는 '삼위일체 하나님'이었다. 삼위일체 하나님은 자신의 존재와 양식, 본질과 위격을 신·구약이라는 자기 계시 위에 뚜렷이 새겨놓으셨다. 위격적 복수성과 구별성뿐만 아니라 본질적 하나이심까지도 신·구약 이곳저곳에 걸쳐 선명하게 계시해 놓으셨다. 우리가 하나님을 삼위일체 하나님으로 믿고 섬기는 이유는, 하나님의 자기 계시인 성경이 그렇게 말하고 있기 때문이다. 즉 오실 메시야를 증거하는 구약에서부터 오신 메시야를 묘사하고 있는 신약에 이르기까지 삼위일체 하나님께서 스스로를 그렇게 드러내셨기 때문이다. 이것이 바로 삼위일체 하나님을 향한 계시 의존 사색이며, 겸손하게 하나님을 발견할 수 있는 유일하고도 가장 정확한 방법이다.

다음 장부터는 성경을 토대로 '우리가 믿는 바'인 신조(信條)를 체계적으로 진술해 놓은 신경(信經)[44]의 빛 아래서 삼위일체 하나님을 탐구하도록 하겠다. 성경에 계시된 삼위일체 하나님이 어떻게 신학적으로 정교하게 기술되어 진리의 옷을 입는지 다음 장부터 친히 살펴보게 될 것이다.

---

[44] 신조에 관한 개론적 이해를 위해서라면 Schaff, *The Creeds of Christendom with A History and Critical Notes*, 1:3-11을 참고하라.

NOTE

3장

신경이 말하는 삼위일체

교회는 신앙(믿음)을 고백하는 공동체다. 여기서 말하는 신앙이란 불분명한 믿음의 대상을 향한 개개인의 개별적이고 자의적인, 혹은 맹목적인 믿음을 말하는 것이 아니다.[45] 교회가 신앙을 고백한다는 것은 같은 신앙을 가진 신자들이 역사적으로 정통 안에서 고백돼 왔던 "믿는 도리"(히브리서 10:23)를 함께 고백한다는 의미를 가지고 있다.

교회가 고백해야 할 믿는 도리를 '신조'라고 한다면, '신경'은 교회의 공인 하에 그 신조를 기록해 놓은 경문 혹은 신앙고

---

[45] 토마스 굿윈은 기독교 신앙의 핵심인 믿음(faith)을 잘 정리한 신학자로 유명하다. 토마스 굿윈, 『믿음의 본질』, 2 vols., 임원주 역 (서울: 부흥과개혁사, 2013)를 참고하라.

백문을 뜻한다. 신조나 신경을 영어로는 '크리드'(creed)로 혼용하여 표현하는 데, 이는 '나는 ~를 믿는다'라는 의미를 가진 라틴어 단어 크레도(credo)로부터 유래한 단어다. 이와 관련하여 또 하나 개념 정리가 필요한 단어가 있는데, 그것은 바로 '교리문답'(敎理問答, Catechism)이다. 교리문답은 '요리문답'(要理問答)이라는 단어와 혼용해서 쓰이는데, 교육 목적 하에 기독교 핵심 교리를 문답 형태로 엮은 행태나 책을 뜻한다. 일반적으로 교리문답은 사도신경, 십계명, 주기도문을 중심으로 꾸며진다.[46]

삼위일체는 기독교 교리 가운데 매우 중요한 위치를 차지한다. 삼위일체 하나님에 관한 개념이 흔들리면 그 외의 모든 교리들 또한 필연적으로 흔들릴 수밖에 없기 때문이다. 그러므로 대부분의 신조, 신경, 교리문답은 삼위일체 하나님에 대한 내용 즉 삼위일체에 관해 교회가 믿어왔던 바를 신경의 처음 부분에 혹은 주요 뼈대의 형태로 수록하고 있다. 신조, 신경, 교리문답이 형성되는 과정은 녹록지 않았다. 사실 대단히 치열했다. 어떤 신앙고백이 보다 더 성경적인가를 추구하는 과정 속에서 온갖 신학적 논쟁, 다툼, 반목들이 지난하게 있어

---

[46] Cf. Philip Schaff, *History of the Christian Church*, vol. 3 (Grand Rapids: Eerdmans, 1984), passim.

왔으며, 이러한 치열한 정제 과정을 통해 성경적인 신앙고백이 보다 더 강한 진리의 빛깔로 정련됐다.[47]

삼위일체에 관해 마땅히 믿어야 할 도리들도 신조, 신경, 신앙고백서, 교리문답 등을 통해 점점 더 성경이 말하는 바 그대로의 모습으로 정리되었다. 그러므로 신조, 신경, 신앙고백서, 교리문답에 나타난 삼위일체 하나님을 탐구하는 것은 유의미하다. 본 장에서는 여러 주요 신경들, 신앙고백서들, 교리문답서들에서 고백하고 가르쳐왔던 삼위일체 하나님을 발견하는 데 주력하도록 하겠다. 또한 귀한 신앙 선배들의 어깨를 빌려 삼위일체 하나님에 대해 마땅히 믿어야 할 도리를 파악하도록 노력할 것이다. 살펴볼 순서는 사도신경, 니케아-콘스탄티노플 신경, 아타나시우스 신경, 하이델베르크 교리문답, 웨스트민스터 신앙고백서, 웨스트민스터 대교리문답, 웨스트민스터 소교리문답 순으로 살펴보도록 하겠다.[48] 이러한 작업을 통해 앞 장에서 살펴본 성경에 계시된 삼위일체 하나님이 보다

---

[47] 이단들과 싸워나갔던 정통 교회들의 신학적 투쟁사를 위해서라면 Alister McGrath, *Heresy: A History of Defending the Truth* (New York: HarperOne, 2009)을 참고하라.

[48] 신경, 신앙고백서, 교리문답의 종류는 대단히 많다. 그럼에도 이러한 목록으로 선별한 이유는 이 목록이 신조적 대표성과 삼위일체 교리적 연관성을 효과적으로 잘 드러낼 수 있다고 생각했기 때문이다.

더 친절히 정리된 형태로 신경과 문답이라는 옷을 입고 드러나게 됨을 보게 될 것이다.[49]

사도신경

사도신경(使徒信經, the Apostles' Creed)은 교회에서 사용하는 가장 대표적인 신앙고백문으로 신자들이 믿어야 할 기본 교의를 간결하게 요약한 공동 신앙고백문이다. 주후 2세기 후반부터 8세기까지 점차로 발전된 신경으로 초대 교회 때 베풀어

---

49 신조, 신경, 교리문답, 신앙고백서에 대한 기초적인 자료는 다음을 참고하라. J. N. D. Kelly, *Early Christian Creeds* (London: Longmans, Green, 1950); Fred H. Klooster, *Our Only Comfort: A Comprehensive Commentary on the Heidelberg Catechism* (Grand Rapids: Faith Alive Christian Resources, 2001); 김영재, 『기독교 신앙고백: 사도신경에서 로잔협약까지』 (수원: 영음사, 2011); 김진홍, 『교리문답으로 배우는 장로교 신앙』 (서울: 생명의양식, 2017); 김헌수, 『하이델베르크 요리문답 강해』 I-II (서울: 성약출판사, 2009-2010); 마르틴 루터, 『마르틴 루터 대교리문답』 최주훈 역 (서울: 복있는사람, 2017); 박일민, 『개혁교회의 신조』 (서울: 성광문화사, 1998); 이성호, 『특강 하이델베르크 요리문답』 상-하 (서울: 흑곰북스, 2013); 이승구, 『사도신경』 (서울: SFC, 2004); 정요석, 『소요리문답, 삶을 읽다』 1-2 (서울: 새물결플러스, 2016); idem, 『하이델베르크 교리문답, 삶을 읽다』 1-2 (서울: 새물결플러스, 2017-2018); 황원하, 『하이델베르크 요리문답 해설』 (평택: 교회와성경, 2015); 황희상, 『특강 소요리문답』 상-하 (서울: 흑곰북스, 2011).

졌던 세례문답의 기본 골격과 내용을 가지고 있다.[50] 사도신경은 사도들이 직접 작성했기 때문에 사도신경이 아니라, 사도들이 전한 복음과 동일한(디모데후서 1:14; 고린도전서 11:2) 사도적 고백이 면면에 서려 있는 고백문이기 때문에 사도신경이라고 부른다.[51] 사도신경의 전문은 다음과 같다.

> 전능하사 천지를 만드신 **하나님 아버지**를 내가 믿사오며, **그 외아들 우리 주 예수 그리스도**를 믿사오니, 이는 성령으로 잉태하사 동정녀 마리아에게 나시고, 본디오 빌라도에게 고난을 받으사, 십자가에 못 박혀 죽으시고, 장사한 지 사흘 만에 죽은 자 가운데서 다시 살아나시며, 하늘에 오르사, 전능하신 하나님 우편에 앉아 계시다가, 저리로서 산 자와 죽은 자를 심판하러 오시리라. **성령**을 믿사오며, 거룩한 공회와, 성도가 서로 교통하는 것과 죄를 사하여 주시는 것과, 몸이 다시 사는 것과, 영원히 사는 것을 믿사옵나이다. 아멘.

사도신경은 총 3부분으로 나눌 수 있는데, 나뉘는 지점이

---

50 Schaff, ed., *The Creeds of Christendom*, 2:52-55.
51 Schaff, ed., *The Creeds of Christendom*, 2:46; 손재익, 『사도신경』, p. 27; 이운연, 『성경으로 풀어낸 사도신경』, pp. 13-17.

삼위일체적 구조에 기대어 있다. 첫째는 전능하사 천지를 만드신 "하나님 아버지"에 대한 신앙고백이고, 둘째는 우리를 위해 4중 비하(성육신, 고난, 십자가 죽음, 장사)와 4중 승귀(부활, 승천, 보좌 우편에 좌정, 재림)의 사역[52]을 하시는 그 외아들 우리 주 "예수 그리스도"에 대한 신앙고백이며, 마지막으로 거룩한 교회와 성도의 교통을 위해 일하시는 "성령"에 대한 신앙고백이다.

사도신경의 구조와 내용이 삼위일체 하나님의 존재와 사역을 고백하는 것으로 꾸며져 있다는 것은 매우 의미가 있다. 사도신경은 초대, 중세, 종교개혁 시대를 막론하고 세례문답과 초신자, 개종자 교육 때 사용됐다. 근·현대에 이르러서도 대부분의 개신교회는 사도신경을 공동 예배의 신앙고백문으로 채택해 암송하고 있다. 이처럼 사도신경이 교회 내에서 교육적, 신조적, 고백적으로 중요한 이유는 그리스도인이라면 반드시 알고 믿어야 할 기독교의 핵심 근본 교리가 정통(正統, orthodoxy)의 시각 아래서 압축적으로 잘 표현되어 있기 때문이다. 특히 사도신경 자체의 구조가 삼위일체적 구조를 갖고 있다는 사실은, 삼위일체 교리가 기독교의 근간을 이루는 핵심 근본 교의라는 사실에 대한 신조적 증거라고 평가할 수 있

---

[52] Cf. 문병호, 『기독론: 중보자 그리스도의 인격과 사역』 (서울: 생명의말씀사, 2016), pp. 818-951.

다. 그러므로 사도신경을 암송하며 고백한다는 것은, 삼위일체 하나님의 존재와 사역을 믿고 고백하며 따른다는 신자들의 교회 공동체적 고백이라 볼 수 있다. 즉 사도신경을 믿고 고백한다는 것은, 삼위일체 하나님을 믿고 고백한다는 것과 같은 것이다.

사도신경과 유사하지만 사도신경의 내용을 좀 더 풀어쓴 형태를 가지고 있는 니케아 신경(the Nicene Creed) 역시 삼위일체 하나님을 탐구하고 있는 우리에게 의미가 있는 신경이다. 다음부터 니케아 신경 속에 나타난 삼위일체 하나님을 조망해 보도록 하겠다.

니케아-콘스탄티노플 신경

신경이 만들어지는 배경은 다양하다. 대체적으로는 기독교 근본 교의를 흔드는 이단의 출현에 대항해 교회 회의가 열리게 되고, 다시 한 번 기독교 핵심 교의를 바로 세우는 신경을 작성함으로 마땅히 믿어야 할 바를 공교회 차원으로 재확증하게 된다.[53] 니케아 신경도 바로 그런 과정을 거쳐 탄생된 신

---

53 J. N. D. Kelly, *Early Christian Doctrines* (New York, HarperSanFrancisco, 1978), pp. 223-279.

경이다. 성자 그리스도를 성부 하나님보다 열등한 존재로 여겼던 아리우스 이단에 반대해 콘스탄티누스 대제의 주선으로 325년 여름 니케아에서 공의회가 열리게 되고, 이 공의회에서 보편 교회의 믿는 도리로 결정된 것이 바로 니케아 신경이다. 325년에 작성된 니케아 신경은 381년 콘스탄티노플 공의회에서 개정되었는데, 그 개정본을 니케아-콘스탄티노플 신경(the Nicene-Constantinopolitan Creed)이라고 부른다. 흔히들 니케아 신경을 말할 때에는 니케아-콘스탄티노플 신경을 염두에 둔 채 사용한다. 니케아-콘스탄티노플 신경의 전문은 다음과 같다.

> 나는 한 분이신 전능한 **성부 하나님**을 믿는다. 그 분은 하늘과 땅, 보이는 것과 보이지 않는 모든 것들의 창조주이다. 그리고 나는 한 주 **예수 그리스도**, 하나님의 독생자, 세상이 만들어지기 전 아버지로부터 나신 분, 빛 중의 빛, 참 하나님 중에 참 하나님, 만들어진 것이 아니라 나신, 성부 하나님과 동일한 본질이신 분을 믿는다. 성경에 의하면 예수 그리스도로 말미암아 만물이 만들어졌으며, 우리들의 구원을 위해 하늘로부터 내려오셨고, 동정녀 마리아가 성령으로 잉태하여 성육신하셔서 사람이 되셨고, 본디오 빌라도 아래서 십자가에 못 박히시고, 고통 받으사 묻히시고, 3

일 만에 다시 살아나셨다. 다시 하늘로 올라가셨고, 성부 하나님의 우편에 앉아계시며, 영광중에 산 자와 죽은 자를 심판하기 위해 다시 오실 것이다. 그의 나라는 영원할 것이다. 그리고 나는 **성령 하나님**, 주시며 삶을 주시는 분이고, 성부와 성자로부터 나오셨고,[54] 성부와 성자와 함께 경배와 영광을 받으실 분이시며, 선지자들을 통해 말씀하시는 분을 믿는다. 하나의 거룩하고 보편적이며 사도적 교회에서 나는 죄의 사함을 위해 한 번의 세례를 받는 것을 인정한다. 나는 몸의 부활을 고대하며 다시 올 세상을 기대한다. 아멘.[55]

니케아-콘스탄티노플 신경의 구조는 사도신경의 구조처럼 삼위일체적 구조를 가지고 있다. 하지만 내용적으로는 사도신경과 비교해 좀 더 풍성한 내용을 담고 있다. 예를 들면 성

---

[54] 콘스탄티노플 공의회(381) 이후에 "그리고 아들"이라는 표현이 추가되었다. 현재의 개신교와 로마 가톨릭 교회는 이 표현을 니케아 신경에 포함시켜 사용한다. 동방 정교회에서는 이 표현을 사용하지 않는다. 성령의 나오심이 성부로부터만인가 아니면 성부와 성자로부터인가에 대한 서로 다른 의견으로 동방교회와 서방교회는 결국 서로 다른 길을 걷게 된다. 이를 "그리고 성자에게서"라는 의미인 라틴어를 사용하여 필리오케(filioque) 논쟁이라 부른다. 필리오케 논쟁에 관해서라면 A. Edward Siecienski, *The Filioque: History of a Doctrinal Controversy* (New York: Oxford University Press, 2010); Lukas Vischer, ed., *Spirit of God, Spirit of Christ: Ecumenical Reflections on the Filioque Controversy* (London: SPCK, 1981)를 참고하라.

[55] 한글 번역은 나의 번역이다. Schaff, ed., *The Creeds of Christendom*, 2:57-59에 수록된 라틴어-영어 대본을 참고했다.

부 하나님을 고백하면서 "보이는 것과 보이지 않는 모든 것들의 창조주"라는 표현으로 창조 범위를 보다 더 구체적으로 적시했다. 니케아-콘스탄티노플 신경의 내용 중 성자 그리스도를 고백하는 부분은 사도신경에 나타난 그리스도에 대한 고백 부분보다 훨씬 더 구체적이고 전문적이다. 특히 그리스도를 가장 뛰어난 피조물 정도로 치부한 기독론 이단 아리우스와 의도적으로 대척점에 서면서 "성부 하나님과 동일한 본질이신 분"이라는 표현으로 성부와 성자의 동일본질 됨을 구체적으로 강조하고 있는 것이 눈에 띈다. 성령을 고백하는 부분도 사도신경과 비교해 특징적인데 성령의 성부와 성자로부터 나오심, 즉 성령의 발출(發出, procession)[56]에 대해 구체적으로 적시하였고 "성부와 성자와 함께 경배와 영광을 받으실 분"이라는 표현을 통해 성부·성자·성령의 본질적 하나 되심을 강조하고 있음을 볼 수 있다.

이처럼 사도신경과 비교해 니케아-콘스탄티노플 신경은 삼위일체 하나님의 본질과 위격에 대해 우리에게 더 풍성한 이해를 제공해 준다. 신경의 기본 골격을 삼위일체 하나님의 세 위격, 즉 성부·성자·성령으로 나누어 우리가 마땅히 믿고

---

[56] 이러한 전문 용어에 대해서는 본 장 바로 다음 장인 4장 바른 용어 정리에서 구체적으로 다루도록 하겠다.

고백해야 할 바를 각 위격별로 진술하는 구조는 사도신경이나 니케아-콘스탄티노플 신경이나 모두 다 같다. 하지만 사도신경에는 뚜렷이 드러나지 않았던 세 위격 간의 본질적 하나 되심이 니케아-콘스탄티노플 신경에는 더욱더 선명히 드러나고 있는 것이 두 신경 간에 존재하는 차이점이다. 바로 앞의 2장 성경이 말하는 삼위일체 부분에서 살펴보았듯이 성부·성자·성령 세 위격 간의 동일본질 됨이 중요한 이유는 그것이 바로 유일무이한 삼위일체 하나님의 근본적 존재 근거가 되기 때문이다. 니케아-콘스탄티노플 신경은 성부·성자·성령 간의 동일본질 됨을 "성부 하나님과 동일한 본질이신 분" 그리고 "성부와 성자와 함께 경배와 영광을 받으실 분"이라는 표현을 사용하여 구체적으로 재확증하고 있다. 이는 삼위뿐만 아니라 일체까지도 강조하는 표현으로 니케아-콘스탄티노플 신경 안에서 균형 잡힌 삼위일체론이 장엄하게 펼쳐지고 있다고 평가할 수 있다.

지금까지 살펴보았던 사도신경과 니케아-콘스탄티노플 신경은 삼위일체적 기본 골격 위에서 각 위격이 하는 역할들이 골격의 내용으로 덧붙여진 형태를 가졌다면, 아래에서 살펴볼 아타나시우스 신경(the Athanasian Creed)은 삼위일체의 본질과 위격 간의 관계를 보다 더 구체적으로 묘사한 삼위일체론에 특화된 신경이다. 아타나시우스 신경을 살펴봄으로 삼위일체 하나님의 본질과 위격이 훨씬 더 선명히 드러나게 될 것이다.

아타나시우스 신경

아타나시우스 신경은 니케아 신경의 빛 아래서 평생 동안 아리우스파와 싸운 알렉산드리아 주교였던 아타나시우스(Athanasius, 295~373)의 이름을 따서 붙여진 신경이다.[57] 신경의 첫 문장이 '퀴쿰케 불트'(Quicumque vult), 즉 라틴어로 "누구든지 구원받기를 바라는 이는"으로 되어 있어 아타나시우스 신경을 또 다른 말로 '퀴쿰케 불트 신경'이라고도 부른다. 아타나시우스 신경이 고백하는 삼위일체론은 신학적으로 대단히 풍성하고 깊이가 있다.[58] 전문이 다소 길지만, 한 번쯤은 그 내용을 확인할 필요가 있으므로 다음에 전문을 싣는다.

---

[57] 아타나시우스 신경은 아타나시우스 본인의 저작물이 아니라는 견해에 따라 위(僞)아타나시우스 신경(the Pseudo-Athanasian Creed)이라고도 불린다.

[58] Cf. J. N. D. Kelly, *The Athanasian Creed* (New York: Harper and Row, 1964).

누구든지 구원받기를 바라는 이는 무엇보다도 먼저 보편 신앙을 지녀야 하며, 이 신앙을 완전무결하게 지키지 않는 자는 의심 없이 영원한 파멸에 이르나이다. 보편 신앙은 삼위 안에서 한 분이신 하나님을, 일치 안에서 삼위를 흠숭하며, 위격들을 혼합하거나 실체를 분리하지 않는 것이옵니다. 곧 성부의 위격이 다르고, 성자의 위격이 다르며, 성령의 위격이 다르옵니다. 그러나 성부와 성자와 성령은 하나의 신성과 똑같은 영광과 똑같은 영원한 위엄을 지니시나이다. 성부께서 그러하시듯이 성자께서 그러하시고 성령께서도 그러하시옵니다. 성부께서 창조되지 않으셨고 성자께서도 창조되지 않으셨고 성령께서도 창조되지 않으셨나이다. 성부께서 무량하시고 성자께서도 무량하시고 성령께서도 무량하시나이다. 성부께서 영원하시고 성자께서도 영원하시고 성령께서도 영원하시나이다. 그러나 영원하신 세 분이 아니라 영원하신 한 분이시며, 창조되지 않으신 세 분이 아니시고 무량하신 세 분이 아니시듯, 오로지 창조되지 않으신 한 분이시고 무량하신 한 분이시나이다. 이와 같이 성부께서 전능하시듯 성자께서도 전능하시고 성령께서도 전능하시나이다. 그러나 전능하신 세 분이 아니라 전능하신 한 분이시나이다. 성부께서 하나님이시듯 성자께서도 하나님이시고 성령께서도 하나님이시나이다. 그러나 하나님 세 분이 아니라 하나님 한 분이시옵니다. 성부께서 주님이시듯 성자께서도 주님이시고 성령께서도 주님이시옵니다. 그러나 주님 세 분이 아니라 주님 한 분이시나이다. 저희는 그리스도교의 진리로 각각의 위격을 하나님과 주님으로 고백하도록 명령받기에, 보편 신앙으로 그렇게 세 분의 하나님이나 세 분의 주님이시라고 말하지 못하나이다. 성부께서는 어느 누구에게서 생겨나지도 창조되지도 나지도 않으셨나이다. 성자께서는 생겨나지도 창조되지도 않으셨으며 성부에게서만 나셨나이다. 성령께서는 생겨나지도 창조되지도 나지도 않으셨으며 성부와 성자에게서 발하시나이다. 그러므로 세 분의 성부가 아니라 한 분의 성부께서 계시며, 세 분의 성자가 아니라 한 분의 성자께서 계시고, 세 분의 성령이 아니라 한 분의 성령께서 계시나이다. 그리고 이 삼위 안에서 아무도 더 먼저나 늦게 계시지 않고, 아무도 더 크거나 더 작지 않으시며, 세 위격이 모두 서로 똑같이 영원하시고 똑같이 동등하시옵니다. 위에서 말한 대로 모든 점에서, 삼위 안에서 일치도, 일치 안에서 삼위도 흠숭 받으셔야 하옵니다. 그러므로 구원받기를 바라는 이는 삼위에 관하여 이렇게 믿어야 하나이다. 그러나 영원한 구원을 위하여, 반드시 우리 주 예수 그리스도의 강생도 충실히 믿어야 하옵니다. 그러므로 하나님의 아들이

신 우리 주 예수 그리스도께서 하나님이시며 인간이심을 믿고 고백하는 것이 올바른 신앙이옵니다. 성자께서는 시대 이전에 성부의 실체에서 나셨기에 하나님이시며, 시간 안에서 어머니의 실체에서 태어나셨기에 인간이시며, 완전한 하나님이시고, 이성의 영혼과 인간의 육신으로 이루어진 완전한 인간이시며, 신성에 따라서는 성부와 같으시고, 인성에 따라서는 성부보다 더 낮으시며, 하나님이시고 인간이시지만 두 분이 아니라 한 분의 그리스도이시며, 신성이 육신으로 변화되어서가 아니라 하나님 안에서 인성을 취하시어 한 분이시며, 실체의 혼합이 아니라 위격의 일치로 완전히 한 분이시옵니다. 이성적 영혼과 육신이 한 인간이듯이 하나님과 사람이 한 분의 그리스도이시옵니다. 그분께서는 저희 구원을 위하여 고난을 받으시고 저승에 가시어 사흘날에 죽은 이들 가운데서 부활하셨으며, 하늘에 올라가시어 성부 오른편에 앉으시고, 그리로부터 산 이와 죽은 이를 심판하러 오실 것이옵니다. 그분께서 오시면 모든 인간은 자기 육신을 지니고 부활하여 자기 행실을 밝혀 셈하여야 하며, 선을 행한 이들은 영원한 삶에 들어가고, 그러나 악을 행한 자들은 영원한 불 속에 들어갈 것이옵니다. 이것이 보편 신앙이옵니다. 이 신앙을 충실하고 확고하게

믿지 않는 자는 누구나 구원 받을 수 없으리이다.[59]

아타나시우스 신경은 크게 두 부분으로 구성된다. 앞부분은 삼위일체에 관한 내용이고, 뒷부분은 기독론(基督論, Christology) 즉 예수 그리스도에 대한 내용으로 이루어져 있다. 아타나시우스 신경이 말하고 있는 삼위일체론은 앞에서 살펴본 사도신경이나 니케나-콘스탄티노플 신경과 비교해 매우 구체적이고 세밀하다. 특징적인 내용들을 꼽아본다면 다음과 같다. 아타나시우스 신경은 삼위 안에서 한 분 하나님을, 일치 안에서 삼위 하나님을 균형 있게 강조한다. 또한 위격들의 상호 구별성을 강조하지만, 그 구별성이 각 위격들을 서로 분리시키지 않는다고 옳게 진술한다. 성부·성자·성령 세 위격 모두 영광, 위엄, 무한성, 영원성, 전능성에서 동등하시며, 세 위격 모두 피조물이 아니라 창조주 하나님이요 한 주라는 사실 또한 강조한다. 아타나시우스 신경은 삼위일체 부분을 마무리하면서 또다시 삼위 안에서의 일치, 일치 안에서의 삼위를 고백한다. 이처럼 아타나시우스 신경은 삼위 안에서의 일치성과 일치 안에서의 삼

---

59 한글 번역은 하인리히 덴칭거, 『신경, 신앙과 도덕에 관한 규정 · 선언 편람』, 페터 휘너만 편, 덴칭거 책임번역위원회 역 (서울: 한국천주교주교회의, 2017), 위-아타나시오의 Quicumque 신앙고백을 그대로 따라갔다. 그러나 내가 한 가지 수정한 부분이 있는데 "하느님"이라고 번역된 부분을 개신교회의 통칭대로 "하나님"으로 바꾼 것이다.

위성을 반복적으로 진술하며 건강한 삼위일체론이 추구해야 할 바가 무엇인지에 대해 정확히 우리에게 가르쳐 준다.

아타나시우스 신경이 고백하고 있는 삼위일체론은 잘못된 삼위일체론을 거르는 효과적인 신학적 여과 장치의 역할을 감당할 수 있다. 왜냐하면 아타나시우스 신경이 고백하고 있는 것처럼 만약 "삼위 안에서 일치, 일치 안에서 삼위"를 건전하게 견지한다면 성자가 성부에 종속된다는 종속론(從屬論, subordinationism)적 이해의 물꼬 자체를 막을 수 있기 때문이고, 동시에 삼위일체 각 위격의 본질의 하나 됨을 무시하는 삼신론적 이해의 틀 또한 벗어던질 수 있기 때문이다.

지금까지 초대 교회의 주요 신경들에 나타난 삼위일체 하나님에 대해 탐구해 보았다. 삼위일체 하나님에 관해 마땅히 믿어야 할 바가 요약되어 있는 신경의 가치는 현재에도 여전히 유효하다. 이는 개별적이고 자의적이며 맹목적인 믿음에 대한 고백이 아니라 아타나시우스 신경 초반부가 말하고 있는 바대로 '보편 신앙'을 고백하는 것이다. 보편 신앙이라는 말은 역사적으로 정통 교회 안에서 고백되어 왔던 항구적이고 항존적인 성경 진리에 기초한 믿음이란 뜻이다. 역사적으로 공인되어 왔던 신경들이 유의미한 이유가 바로 여기에 있다. 신경들은 기독교의 기본 교의들에 대한 내 자신의 지식이 옳은 지식인가 아닌가를 확인할 수 있는 가늠자의 역할을 감당할 수 있으며, 내 지식에 근거한 내 신앙고백이 성경적인 고백인가 아닌가를 판가름하는 교리적 잣대가 될 수 있다.[60]

다음부터 살펴볼 내용은 개혁교회 내에서 신앙문답의 교본으로 삼았던 교리문답들과 신앙고백서의 빛 아래서 삼위일체 하나님을 조망해 볼 것이다. 특히 교리문답 같은 경우에는 교육적 목적이 강하기 때문에 삼위일체의 핵심 내용들을 압축적으로 정련하여 보다 더 친절하게 삼위일체 하나님을 설명하고 있는 것이 특징적이다. 하이델베르크 교리문답에 나타난 삼위일체 하나님을 먼저 살펴보고, 그후 웨스트민스터 신앙고백서, 웨스트민스터 대교리문답, 웨스트민스터 소교리문답 순으로 살펴보도록 하겠다.

하이델베르크 교리문답

하이델베르크 교리문답(Heidelberg Catechism)은 독일의 하이델베르크 대학교 교수였던 자카리아스 우르시누스(Zacharias

---

[60] 삼위일체 하나님을 성경, 역사, 신학, 예배의 맥락 하에서 포괄적으로 조망한 책인 Robert Letham, *The Holy Trinity: In Scripture, History, Theology, and Worship* (Phillipsburg: P & R Pub., 2004)도 참고하라.

Ursinus, 1534~1583)와 카스파르 올레비아누스(Caspar Olevianus, 1536~1587)[61]가 중심이 되어 작성한 것으로, 1563년 11월 독일의 개혁파 교회가 채택하고 공표한 교리문답이다.[62] 하이델베르크 교리문답은 크게 세 부분으로 나뉘는데 첫째는 인간의 죄와 그 참상에 관하여, 둘째는 인간의 구원에 관하여, 셋째는 감사에 관하여 다루고 있다. 사도신경, 성례전, 십계명, 주기도문 등에 나타난 기독교 기본 교리들을 인간의 죄의 비참함, 구원, 감사로 요약되는 삼중 구조 안에서 조화롭게 다룬 것이 하이델베르크 교리문답의 특징이다. 삼위일체에 대해서는 25문답에서 다루고 있다. 그 내용은 다음과 같다.

---

61 우르시누스와 올레비아누스에 대한 개론서로는 이남규, 『우르시누스, 올레비아누스: 하이델베르크 요리문답서의 두 거장』(서울: 익투스, 2017)을 참고하라.

62 하이델베르크 교리문답의 역사, 신학, 본문의 연구를 위해서라면 Lyle D. Bierma, *An Introduction to the Heidelberg Catechism: Sources, History, and Theology* (Grand Rapids: Baker Academic, 2005)를 참고하라. 미국 칼빈신학교의 라일 비어마(Lyle Bierma) 교수는 하이델베르크 교리문답 전문가로서 관련 책을 다수 냈다. Lyle D. Bierma, *German Calvinism in the Confessional Age: the Covenant Theology of Caspar Olevianus* (Grand Rapids: Baker Books, 1996); idem, *The Doctrine of the Sacraments in the Heidelberg Catechism: Melanchthonian, Calvinist, or Zwinglian?* (Princeton: Princeton Theological Seminary, 1999); idem, *The Theology of the Heidelberg Catechism: A Reformation Synthesis* (Louisville: Westminster John Knox Press, 2013) 등을 참고하라.

> 25문. 하나님이 오직 한 분이라고 하면서 왜 삼위 곧 성부, 성자, 성령을 말합니까?[63]
>
> 답. 왜냐하면 하나님께서 자신의 말씀 가운데 자신을 그렇게 계시하셨기 때문입니다. 이 구별된 세 위들은 유일하고 참되고 영원하신 하나님이십니다.

하이델베르크 교리문답은 삼위일체에 관해서 많은 지면을 할애하고 있지는 않지만, 그럼에도 삼위일체 교리 중에서 가장 핵심적인 내용들을 짧은 문답 안에 잘 그려내고 있다. 25문답의 내용을 통해 다음과 같은 삼위일체에 관한 세 가지의 핵심 진리들이 선명하게 드러나고 있음을 볼 수 있다.

첫째, 하이델베르크 교리문답은 하나님을 삼위일체로 고백해야 하는 이유에 대해 하나님 스스로가 자신의 말씀에 자신을 삼위일체로 계시하셨기 때문이라고 말한다. 즉 삼위일체 교리는 인간의 자의적인 고안물이 아니라 하나님 자신의 존

---

[63] 한글 번역은 나의 번역이다. Schaff, ed., *The Creeds of Christendom*, 3:307-355에 수록된 독일어-영어 대본을 참고했다. 25문의 근거 성경 말씀은 신명기 6:4; 고린도전서 8:4, 6(이상 질문), 마태복음 3:16~17, 28:18~19; 누가복음 4:18(이사야 61:1); 요한복음 14:26, 15:26; 고린도후서 13:14; 갈라디아서 4:6; 디도서 3:5~6(이상 답)이다.

재와 본질이 뚜렷이 서려 있는 하나님의 자기 계시인 성경 자체가 직접 말하고 있는 가르침이라는 것이다. 그러므로 앞장 2장에서 살펴본 성경이 말하는 삼위일체 부분은 삼위일체 교리를 지탱하는 근본 토대와 존재 근거를 탐구했던 매우 중요한 장이라고 볼 수 있다.

둘째, 오직 한 분이라고 하면서 왜 성부·성자·성령으로 말하는가라는 질문에 대해 하이델베르크 교리문답은 "구별된 세 위들"(drei unterschiedliche Personen)[64]이라는 표현을 쓰면서 삼위의 상호 구별됨을 강조하고 있다. 위격적 구별을 강조하는 것은 중요하다. 왜냐하면 서로 구별된 세 위들에 대한 강조는 온갖 종류의 단일신론적 오류로부터 우리를 보호해 줄 수 있으며, 동시에 삼위 간의 상호 관계성 또한 확보할 수 있으므로 삼위일체 교리를 말함에 있어서 핵심 요소라고 볼 수 있기 때문이다.

셋째, 구별된 세 위들에 대한 강조는 반드시 "유일하고 참되고 영원하신 하나님"(der einige, wahrhaftige, ewige Gott)의 토대 위에서 강조되어야 한다. 이를 25문에 대한 답 후반부가 선명하

---

[64] Schaff, ed., *The Creeds of Christendom*, 3:315 (Frage 25, Antwort).

게 증거해주고 있다. 서로 구별된 세 위들이지만 본질적으로는 서로 하나이기 때문에 삼위 하나님은 유일하고 참되며 영원한 한 하나님이라는 사실이 이 말씀에서 명백히 드러난다.

정리하자면, 하이델베르크 교리문답의 25문답은 삼위일체 교리의 핵심을 세 가지로 압축적하여 표현하고 있다. 삼위일체 교리의 시작점을 하나님의 자기 계시요 특별계시인 성경에서 찾고 있으며, 삼위일체 하나님의 세 위격들 간의 구별성을 강조하고 있을 뿐만 아니라 동시에 세 위격들의 본질적 하나 됨을 강조함으로 초대 교회 시대 때부터 줄곧 전해 내려오던 삼위일체 하나님에 대해 마땅히 믿어야 할 도리들과 교리적 맥을 함께 하고 있다.

이러한 교리적 맥락은 장로교회의 표준 신앙고백서인 웨스트민스터 신앙고백서(the Westminster Confession of Faith, 1647)에까지 여과 없이 이어지게 되는데, 이에 대해서는 다음부터 살펴보도록 하겠다.

웨스트민스터 신앙고백서

웨스트민스터 신앙고백서는 웨스트민스터 회의(Westminster Assembly) 기간인 1643~1647년에 작성된 장로교회의 표준 신앙고백서이다.[65] 총 33장으로 구성되며 1647년 스코틀랜드에서, 1648년 영국 의회에서 각각 인준을 받았다. 웨스트민스터 신앙고백서를 '신도게요서'(信徒揭要書)라고도 부르는데, 윌리엄 베어드(William Baird, 1862~1931) 선교사가 1925년에 웨스트민스터 신앙고백서를 한국말로 번역할 때 신도게요서라고 명명한 것에서부터 유래된 것이다. 신도게요서라는 말 가운데 잘 함의된 바와 같이 웨스트민스터 신앙고백서는 신자라면 마땅히 알아야 할 핵심 교리를 설명하고 요약한 교리와 신앙의 표준이다.

---

65 웨스트민스터 회의와 웨스트민스터 신앙고백서의 전반적인 이해를 위해서라면 Chad van Dixhoorn, *God's Ambassadors: The Westminster Assembly and the Reformation of the English Pulpit, 1643-1653* (Grand Rapids: Reformation Heritage Books, 2017); idem, *Confessing the Faith: A Reader's Guide to the Westminster Confession of Faith* (Edinburgh: The Banner of Truth Trust, 2014); W. M. Hetherington, *History of the Westminster Assembly of Divines* (New York: Mark H. Newman, 1843); R. C. 스프로울, 『웨스트민스터 신앙고백 해설』 1-3, 이상웅·김찬영 공역 (서울: 부흥과개혁사, 2011) 등을 참고하라.

웨스트민스터 신앙고백서 2장은 '하나님과 성삼위일체에 관하여'(Of God, and of the Holy Trinity)라는 제목을 가지고 있는데, 2장 1~2절이 하나님의 속성, 하나님과 피조물과의 관계에 대한 진술이며 2장 3절이 삼위일체 하나님에 대한 진술이다. 2장 3절의 내용은 다음과 같다.

> **신격의 하나 됨 안에 한 본체와 능력과 영원성을 가진 삼위가 계시니, 성부 하나님, 성자 하나님, 성령 하나님이시다.** 성부는 누구로부터 나지도 혹은 나오시지도 않으시며, 성자는 성부로부터 영원히 나신 바 되시고, 성령은 성부와 성자로부터 영원히 나오신다.[66]

웨스트민스터 신앙고백서 2장 3절은 삼위일체 교리의 핵심 진리 두 가지를 설파하고 있는데 하나는 3절 상반절에서 가르치는 바와 같이 본질과 위격에 관하여, 또 하나는 3절 하반절에서 가르치는 바와 같이 위격 간 상호 존재 관계에 대해서다.

첫째, 3절 상반절이 주목하는 바는 신격의 하나 됨 안에(in

---

[66] 한글 번역은 나의 번역이다. Schaff, ed., *The Creeds of Christendom*, 3:600-673에 수록된 영어-라틴어 대본을 참고했다. 웨스트민스터 신앙고백서 2장 3절의 근거 성경 말씀은 요한일서 5:7; 마태복음 3:16~17, 28:19; 고린도후서 13:14; 요한복음 1:14, 1:18, 17:24, 15:26; 갈라디아서 4:6 등이다.

the unity of the Godhead)[67] 세 위(three persons)가 존재한다는 것이다. 웨스트민스터 신앙고백서는 각 위들에게 일관적으로 하나님(God)이란 단어를 붙이며 성부 하나님(God the Father), 성자 하나님(God the Son), 성령 하나님(God the Holy Ghost)으로 각 위격의 이름을 가르친다. 이렇게 세 위격 모두에게 하나님이란 호칭을 쓰는 이유는 세 위격이 동일한 하나의 본체와 능력과 영원성을 가지고 계시기 때문이다(of one substance, power, and eternity). 삼위일체 하나님의 본질에 대한 웨스트민스터 신앙고백서의 이러한 고백은 삼위(세 위격)와 일체(한 본질)의 상호 균형을 정확히 유지하고 있는 고백으로 삼위일체 하나님을 인식함에 있어 교리적 표준으로 볼 수 있다.

둘째, 웨스트민스터 신앙고백서 2장 3절 하반절은 세 위격 간의 상호 존재 관계를 정확히 규정하고 있다. 성부 하나님은 누구로부터 나지도 혹은 나오시지도 않는 분(neither begotten nor proceeding), 즉 자존(自存, self-existence)하신 분이며 성자 하나님은 성부로부터 영원히 나시고(eternally begotten of

---

67 "In the unity of the Godhead"를 대부분의 한글 번역에서는 "단일한 신격 안에" 혹은 "하나님의 단일성 안에"로 번역하는데 단일이라는 표현 속에 단일신론의 그늘이 일견 나타날 수 있으므로 나는 "신격의 하나 됨 안에"로 번역했다.

the Father) 성령은 성부와 성자로부터 영원히 나오시는 분이다 (eternally proceeding from the Father and the Son). 성자가 성부로부터 나시고 성령이 성부와 성자로부터 나오신다고 하더라도, 그 안에는 어떠한 위계질서나 우월 관계가 존재하지 않는다. 이에 대해서는 이미 2장 3절 상반절에 "하나의 본체와 능력과 영원성"이란 표현으로 선명하게 정립된 진리이다. 성자의 낳아지심(begottenness)과 성령의 나오심(procession)에 관해서는 다음 장인 4장 바른 용어 정리에서 좀 더 구체적으로 살펴보도록 하겠다.

이처럼 웨스트민스터 신앙고백서는 삼위일체 하나님에 대한 핵심 진리를 간명하고도 정확하게 표현해 주고 있다. 이러한 삼위일체에 관한 진리는 웨스트민스터 회의 때 작성된 또 다른 문서들 가운데서도 영롱하게 빛을 발하게 되는데, 설교와 교육 목적으로 만들어진 '웨스트민스터 교리문답'(Westminster Catechism)이 바로 그것이다.

웨스트민스터 대교리문답

웨스트민스터 교리문답은 장년들을 위한 신앙교육과 설교에 도움을 주기 위해 웨스트민스터 회의 기간에 작성된 신앙문답서이다. 이 교리문답서를 '웨스트민스터 대교리문답'(the Westminster Larger Catechism)이라고 부른다. 이 교리문답이 체계적인 어린이 교리 교육을 위해 요약되었는데, 그 요약본을 '웨스트민스터 소교리문답'(the Westminster Shorter Catechism)이라 부른다. 대교리문답은 총 196문답으로 구성되며, 소교리문답은 총 107문답으로 대교리문답보다 더 간결하게 구성된다. 교리문답을 영어로는 '케터키즘'(catechism)이라고 하는데, 그 사전적 뜻은 신앙 교육을 위해 기독교의 핵심 원리를 문답의 형태로 요약한 기초적인 내용이란 의미다. 대교리문답(大敎理問答)과 소교리문답(小敎理問答)은 또 다른 용어인 '대요리문답'(大要理問答)과 '소요리문답'(小要理問答)으로도 각각 표기한다. '교리'(敎理)는 한 종교의 기본적인 이치나 원리를 뜻하고, '요리'(要理)란 긴요한 이치나 도리를 뜻한다. 카테키즘은 기독교의 핵심 원리를 요약한 것이기에 그 자체로서 기독교 교리의 요리이므로 교리문답과 요리문답은 서로 교차적으로 혼용하여 쓸 수 있는 단어다.

웨스트민스터 대교리문답[68]은 총 네 개의 문답에 걸쳐 삼위일체 하나님에 대해 가르치고 있다. 8~11문답이 삼위일체를 말하고 있는데, 내용은 다음과 같다.

> 8문. 하나님께서 여러 분 계십니까?
>
> 답. 하나님께서는 오직 한 분이시며, 살아계시고 참되십니다.
>
> 9문. 하나님의 신격에는 몇 위가 계십니까?
>
> 답. 하나님의 신격에는 삼위, 곧 성부, 성자, 성령이 계십니다. 각 위의 고유성은 서로 구별되지만, 이 삼위는 참되시고 영원하신 한 하나님이시며, 본질이 같고 권능과 영광을 동등하게 가지십니다.
>
> 10문. 하나님의 신격에 계시는 삼위의 고유성이란 무엇입니까?
>
> 답. 성부께서는 성자를 낳으신 것, 성자께서는 성부에서 나신 것, 성령께서는 성부와 성자에서 영원히 나오시는 것을 말합니다.

---

[68] 웨스트민스터 대교리문답에 대한 개론적인 강해서로는 J. G. 보스 & G. I. 윌리암슨, 『웨스트민스터 대요리문답 강해: 신앙교육서』, 류근상·신호섭 공역 (서울: 크리스챤출판사, 2007)를 참고하라. 이 책은 Johannes G. Vos, *The Westminster Larger Catechism: A Commentary*, ed. G. I. Williamson (Phillipsburg: P & R Pub., 2002)을 번역한 책이다.

> **11문. 성자와 성령이 성부와 동등한 하나님이시라는 사실을 어떻게 알 수 있습니까?**
>
> **답.** 성경은 오직 하나님에게만 합당한 이름과 속성과 일과 예배를 성자와 성령께도 돌림으로써 성자와 성령이 성부와 동등한 하나님이시라는 것을 분명하게 나타냅니다.[69]

웨스트민스터 대교리문답 8~11문답은 각각 삼위일체 교리의 핵심을 대변해 주고 있는데 8문답은 유일무이한 한 하나님에 대해(only one God), 9문답은 세 위격과 하나의 본질에 대해(three persons in the Godhead), 10문답은 성부·성자·성령의 위격 사이의 존재 관계에 대해(the Son to be begotten of the Father, and to the Holy Ghost to proceed from the Father and the Son from all eternity), 11문답은 세 위격 모두 하나님이심(신성이심)을 가르치고 있다(the Son and the Holy Ghost are God equal with the Father). 웨스트민스터 대교리문답이 가르치고 있는 이러한 삼위일체 진리는 이미 앞에서 성경과 신경, 신앙고백서를 통해 살펴본 그대로의 가르침이다.

---

69 한글 번역은 웨스트민스터 총회, 『웨스트민스터 대교리문답 노트』, 그책의사람들 역 (수원: 그책의사람들, 2017), pp. 44-46을 인용했다.

웨스트민스터 대교리문답의 작성 의도에 우리는 주목할 필요가 있다. 대교리문답은 장년들에게 기독교 신앙을 체계적으로 설교하고 가르치기 위해서 작성되었다는 것을 염두에 둘 때, 위에서 살펴본 8~11문답의 내용은 신자라면 반드시 알고 믿으며 수납해야 하는 기독교의 핵심 진리임에는 분명하다.[70] 장년들을 위한 대교리문답을 어린이와 초신자들의 눈높이에 맞추어 요약한 웨스트민스터 소교리문답은 이보다 더 간결하게 삼위일체 하나님을 소개한다. 이에 대해서도 살펴보도록 하자.

웨스트민스터 소교리문답

웨스트민스터 소교리문답은 삼위일체 하나님을 두 문답에 걸쳐 압축적으로 다룬다. 대교리문답의 8~9문의 내용이 거의 그대로 소교리문답 5~6문에 수록되었고, 삼위의 고유성과 본질적 동등성을 구체적으로 다룬 대교리문답의 10~11문은 소교리문답에서 생략되었다. 어린이나 초신자들의 눈높이에 맞추어 삼위일체 하나님에 관한 가장 핵심적인 부분만을 남겨

---

[70] Vos, *The Westminster Larger Catechism*, passim.

둔 작성자[71]의 의도를 엿볼 수 있는 부분이다. 삼위일체 하나님에 대해 다루고 있는 소교리문답 5~6문은 다음과 같다.

> 5문. 하나님 한 분 외에 다른 하나님이 있습니까?
> 답. 오직 한 분 하나님, 살아 계시고 참되신 하나님만 계십니다.
>
> 6문. 하나님의 신격에는 몇 위가 계십니까?
> 답. 하나님의 신격에는 성부·성자·성신 삼위가 계십니다. 이 삼위는 한 하나님이며, 본질이 동일하시고 권능과 영광이 동등하십니다.[72]

웨스트민스터 소교리문답 5~6문답은 앞서 살펴본 사도신경, 니케아-콘스탄티노플 신경, 아타나시우스 신경, 하이델베르크 교리문답, 웨스트민스터 신앙고백서, 웨스트민스터 대교리문답이 가르쳤던 삼위일체 하나님을 핵심만 간추려 요약하는 성격을 지닌다. 어린이나 초신자들에게는 다소 어려울

---

[71] 웨스트민스터 소교리문답 작성에 있어 주도적인 역할을 한 인물로는 앤서니 터크니(Anthony Tuckney, 1599-1670)와 존 웰리스(John Wellis, 1616-1703) 등이 있다. 터크니에 관해서라면 Youngchun Cho, *Anthony Tuckney (1599-1670): Theologian of the Westminster Assembly* (Grand Rapids: Reformation Heritage Books, 2018)를 참고하라.

수 있는 위격 간의 구별성, 고유성에 대한 내용(대교리문답 9문에는 포함)을 과감히 생략하고 세 위격이지만 동일본질 하신 오직 한 분 하나님을 집중적으로 강조한 측면에서 소교리문답의 성격을 가늠해볼 수 있다.

이제 이번 장의 논의를 정리할 때가 되었다. 이번 장에서 우리는 신자라면 마땅히 믿고 고백하며 따라야 할 근본 도리에 나타난 삼위일체 하나님의 모습들을 조망해 보았다. 삼위일체 하나님에 대해 마땅히 믿고 고백할 바들이 신경과 교리문답들 간에 반복적으로 겹쳐진 채로 진술되는 내용들도 많았지만, 그러한 중복은 무의미한 중복이라기보다는 가치가 있는 중복으로서 참된 진리의 내용을 '주야로 묵상'(여호수아 1:8)해야 한다는 측면에서 의도성이 가득 서려 있는 중복이라 평가할 수 있다. 진리는 항구적인 것이고 항존적인 것이다. 항존적인 진리는 시대에 따라, 상황에 따라 가변적인 것이 아니라 오히려 믿어왔던 바에 대한 반복적인 교육과 묵상과 고백속에서 그 뿌리가 더욱더 든든해지는 것이다. 그렇다고 신경

---

72 한글 번역은 웨스트민스터 총회, 『웨스트민스터 소요리문답: 개역개정판 성경증거 본문』, 독립개신교회 교육위원회 역 (서울: 성약출판사, 2017), pp. 29-31을 인용했다.

과 교리문답 그 자체가 성경과 동등한 권위와 가치를 지니는 것은 절대 아니다. 신경과 교리문답도 성경이라는 최종 권위의 빛 아래서 언제든지 자아를 성찰할 필요가 바로 여기에 있다.[73]

다음 장부터는 삼위일체 하나님을 담아냈던 다양한 용어를 살펴보도록 하겠다. 정확한 용어 사용이 언제나 정확한 개념 정리를 이끌어낸다. 다소 혼란스러운 삼위일체론 용어들에 대한 교통정리를 말끔히 하는 시간이 되길 바란다.

---

[73] 성경의 권위의 근거에 대해 웨스트민스터 신앙고백서 1장 4절은 다음과 같이 고백한다. "우리가 성경을 믿고 복종해야 하는 것은 성경의 권위 때문인데, 그 성경의 권위는 어느 사람이나 교회의 증언에 의존하지 않고, 그것의 저자이신 (그리고 진리 자체이신) 하나님께 전적으로 의존한다. 그러므로 성경은 하나님의 말씀이기 때문에 받아들여지는 것이다."

4장

바른 용어 정리

교회 역사상 삼위일체론만큼이나 이단들이 많이 창궐하는 교리도 없을 것이다.[74] 그만큼 삼위일체론의 신학적 지형도는 복잡하며 혼란스러웠다.[75] 특히 용어 사용의 불일치성이 치열하게 얽히고설킨 삼위일체론 논쟁을 만들어 내는 데 한몫 거들

---

[74] 치열한 삼위일체론의 역사에 대해서는 James Stevenson & W. H. C. Frend, eds., *Creeds, Councils and Controversies: Documents Illustrating the History of the Church AD 337-461* (London: SPCK, 1989); William G. Rusch, ed., *The Trinitarian Controversy* (Philadelphia: Fortress Press, 1980); R. P. C. Hanson, *The Search for the Christian Doctrine of God: the Arian Controversy 318-381* (Edinburgh: T & T Clark, 1988) 등을 참고하라.

[75] 공교회의 고전적 정통 삼위일체 교리가 어떤 과정 속에서 형성되고 발전되었는지에 대해서는 김은수, "'공교회의 고전적 정통 삼위일체 교리'의 정립과 발전 역사에 대한 연구",「조직신학연구」27 (가을-겨울, 2017), pp. 308-345를 참고하라.

었다. 같은 이야기를 하는 것 같은데 결국 다른 이야기를 하는 것이었고, 비슷한 이야기를 하는 것 같은데 결국 끝에 가면 완전히 다른 결론에 이르게 되었던 핵심 이유들 중 하나가 바로 용어 사용과 개념 정리가 서로 교묘하게 달랐기 때문이다.

과연 삼위일체 하나님이 한 본질인지, 한 실체인지, 한 본체인지, 한 실재인지, 한 존재인지, 혹은 삼위일체 하나님이 세 위인지, 세 인격인지, 세 위격적 존재인지, 세 위격적 실체인지와 같은 복잡한 질문들은 결국 정확한 용어 정리에 의해서만 선명한 답변이 가능하게 될 수 있다. 그러므로 본 장에서는 삼위일체 하나님을 표현하기 위해 사용했던 용어들을 정리하는 시간을 갖도록 하자. 물론 무한하신 삼위일체 하나님을 유한한 인간의 언어로 온전히 표현하는 것은 실로 불가능하다.[76] 하지만 삼위일체 이단들에 대응하기 위해 신앙의 선배들이 고민에 고민을 거듭해 사용했던 용어들을 겸손히 고찰하다 보면 삼위일체 하나님이 인간의 유한한 언어에 갇히게 되는 경험보다는, 오히려 신비로운 삼위일체 하나님의 존재와 본질의 성격이 훨씬 더 뚜렷하게 정리되어 만방에 펼쳐지게 되는 것을 경험할 수 있을 것이다.

살펴볼 순서는 다음과 같다. 먼저 삼위일체 용어 사용의 정

---

[76] Augustine, *De trinitate*, 7.4.7.

당성을 칼빈의 설명을 통해 되짚어볼 것이고, 그 다음 삼위일체 하나님의 '본질적 하나이심'을 표현하는 단어들을 살펴보도록 하겠다. 그 다음에는 '세 위격'에 대한 용어들을 살펴본 후, 마지막으로 위격 간의 상호 존재 관계를 묘사하는 단어를 다루고자 한다. 이번 장은 이전 논의에 비해서 다소 전문적인 용어들이 많이 등장할 예정이니, 숙지의 끈을 놓치지 말고 잘 따라오길 바란다.

용어 사용의 정당성

혹자는 이렇게 불평할 수도 있다. "성경에 나타난 대로 성부·성자·성령 하나님만 알면 되지 왜 복잡스러운 삼위일체 용어들을 알아야 합니까?" 일견 맞는 말이다. 왜냐하면 삼위일체 하나님은 성경에 증거 된 대로 성부·성자·성령으로 존재하시는 하나님이시기 때문이다. 하지만 신비롭고 무한하신 삼위일체 하나님을 단 하나의 문장으로만 표현하다 보면 삼위일체 하나님의 본질에 대해 쉽게 오해를 갖게 되고, 그 오해를 해소하고자 다양한 논리를 만들어 내다 보면 결국 성경이 말하고 있는 삼위일체 하나님과는 다른 하나님을 만들어버릴 위험이 있기에 우리는 삼위일체 용어들에 대해 반드시 알아야 하는 것이다. 예로부터 신앙의 선배들은 성경에 드러난 삼위일체 하나님을 특정한 용어들을 사용해 묘사하기 시작했다. 이는 이단들을 향한 변증적 차원에서, 신자들을 위한 교육적 차원에서, 공교회의 항구적인 보편 진리를 보존하기 위한 신조적 차원에서 다각도로 이루어졌다.

본질이나 위격 같은 단어를 사용하는 것에 대해 공격했던 이단들을 향한 칼빈의 대응에 우리는 주목할 필요가 있다. 이단들은 본질이나 위격 같은 단어들을 '낯선 말들'(exotica verba)로 치부했고, 이러한 이단들의 공격에 칼빈은 다음과 같이 대답한다. 칼빈의『기독교 강요』초판(1536년)[77] 2장 8절 내용이다.

> 만약 그들이 성경에 동일한 음절들로 구성된 말로서 나타날 수 없는 것을 '낯선 말'이라고 부른다면, 그들은 참으로 성경의 직물에 꿰매어져 있지 않는 모든 담화들을 저주하는 사악한 법을 우리에게 부과하는 것이다. 그러나 만약 그들이 말하는 '낯선 말'이 그들에게 호기심으로 인식되고 미신적으로 변증되는 것,

---

[77] 『기독교 강요』 초판은 최종판에 비해 그 분량은 작으나 내용이 간결하고 칼빈이 추구하는 사상의 핵심과 정수를 고스란히 담고 있다. 초판은 1장(율법과 십계명), 2장(믿음과 사도신경 해석), 3장(기도와 주기도문 해설), 4장(성례), 5장(로마 가톨릭의 거짓 성례), 6장(그리스도인의 자유, 교회의 권세, 정치적 통치) 등으로 구성된다.

건덕보다 논쟁을 위해서 더욱 유용한 것, 혹은 성가시거나 혹은 아무 열매 없이 남용되는 것, 고유한 딱딱함으로 경건한 사람들의 귀를 훼방하는 것, 하나님의 말씀의 단순성으로부터 멀어지게 하는 것이라면 나는 진심으로 그들의 절제를 껴안는다 ⋯ 그러나 우리가 더욱 명확한 말들로 표현한 것들로서 우리의 이해력을 혼동시키고 방해하는 것이 무엇인가? 그것들은 경우에 따라서 남용되는 것이 아니라 성경 자체의 진리에 경건하고 충실하며 또한 과도하지 않고 적당하게 사용되고 있지 않은가?[78]

이처럼 칼빈은 삼위일체 용어를 사용하는 자들에게 올바른 지침을 내려준다. 만약 이러한 용어 사용이 아무 열매 없이 남용된다면, 혹은 이러한 용어 사용이 최종적으로 우리를 성경으로부터 멀어지게 만든다면 우리는 삼위일체 용어 사용에 있어 반드시 '절제'(sobrietas) 해야 한다고 칼빈은 지적한다. 하지만 성경 자체의 진리들에 경건하고 충실하게 그리고 과도하지 않고 적당하게 용어들이 사용된다면 이는 삼위일체에 대한 우리의 이해력을 더 증진시킬 수 있다고 칼빈은 말하고 있다. 성경 자체의 진리 앞에서 경건하고 충실하게 용어들을

---

[78] 존 칼빈, 『라틴어 직역 기독교 강요』, 문병호 역 (서울: 생명의말씀사, 2015), pp. 152-154.

절제하며 사용하라는 칼빈의 가르침은 삼위일체 용어를 탐구하려는 초입에 서 있는 우리 모두에게 유의미한 가르침을 주고 있다.

칼빈은 용어 사용의 정당성과 필요성을 하나의 예와 함께 효과적으로 대변하고 있는데, 아리우스와 사벨리우스(Sabellius, fl. ca. 215) 이단을 논박하는 맥락 하에서 설명하고 있다. 『기독교 강요』 초판 2장 9절 내용이다.

> 아리우스는 그리스도는 하나님이시라고 말한다. 그러나 그는 지어졌으며 시작을 가졌다고 중얼거린다. 그리스도는 아버지와 한 분이시라고 말한다. 그러나 그는 그 밖의 믿는 자들과 마찬가지로 하나님과 한 분이시나 다만 고유한 대권을 가졌다고 은밀히 수근거린다. **동일본질이라고 말하라.** 그리하면 당신은 둔갑하는 가면을 벗겨내게 될 것이다! 그럼에도 불구하고 당신은 성경에 아무 것도 더하지 않는다. 사벨리우스는 아버지, 아들, 성령은 하나님께 어떤 구별도 없다는 것을 의미한다고 말한다. 셋이 존재한다고 말하라. 그리하면 그는 당신이 세 하나님을 지칭한다고 크게 소리칠 것이다! **하나님의 한 본질에 인격들의 삼위일체가 존재한다고 말하라.** 그리하면 당신은 성경이 말하는 것을 한 단어로 말하게 될 것이며 어리석은 수

다를 잠재우게 될 것이다!⁷⁹

성부와 성자 사이의 유사본질을 주장했던 아리우스 이단에게 외치는 칼빈의 다음과 같은 일갈은, 아리우스가 전개했던 개념의 혼란함 때문에 답답했던 우리의 마음을 시원하게 만들기까지 한다: "동일본질이라고 말하라"(Dic consubstantialem). 게다가 성부·성자·성령 사이의 구별성을 약화시키는 사벨리우스 이단에게 칼빈의 다음과 같은 일성은 교리적 논란의 종지부를 찍기에 충분하다: "하나님의 한 본질에 인격들의 삼위일체가 존재한다고 말하라"(dic in una Dei essentia personarum esse trinitatem). 칼빈은 '동일본질' 혹은 '한 본질', '세 인격' 등과 같은 단어를 사용한다 하더라도 성경에 이질적인 것을 첨가하는 것이 아니라고 지적한다(nihil addis scripturis). 오히려 이러한 용어 사용을 통해 성경이 말하는 것을 한 단어로 말하게 될 것이고, 그 결과 어리석은 수다를 잠재우게 될 것이라고 칼빈은 주장한다(dixeris uno verbo quod scripturae loquuntur, et inanem loquacitatem compresseris).

이러한 칼빈의 주장은 옳다. 무한하시고 신비로우신 삼위일체 하나님의 본질을 설명함에 있어 애매모호한 많은 말들보다는 성경에 드러난 진리를 명확하게 표현할 수 있는 한 단

---

79 칼빈, 『라틴어 직역 기독교 강요』, pp. 160-161 (강조는 첨가된 것이다).

어, 한 문장이 삼위일체 하나님을 묘사하는 데 훨씬 더 효과적일 수 있다. 사실 명확한 용어 사용을 위해 반드시 선결되어야 할 과제는 용어에 대한 정확한 개념 정리다. 그러므로 지금부터 이 작업을 해 보도록 하겠다.

'하나의 본질'을 표현하는 용어

지금까지 살펴본 바와 같이 삼위일체 하나님의 근본 핵심은 삼위가 '하나의 본질'로 계신다는 것이다. 여기서 '본질'이라는 단어를 정확히 규정하는 것이 그 무엇보다도 중요하다. 한자로는 본질(本質)이라고 표현하는 단어를 헬라어, 라틴어, 영어에서는 서로 다르게 표현한다. 서로 다른 단어들 가운데 미묘한 의미 차이가 존재하기 때문에 정확한 의미 규정이 반드시 필요하다.[80]

먼저 동방교회가 사용했던 헬라어에서는 '본질'을 οὐσία(우시아)라고 표현했다.[81] '우시아'라는 단어 속에는 다양한 유사

---

[80] Cf. 박재은, "16-17세기 개혁파 정통주의 시대의 형이상학 이해," pp. 149-158.

[81] Richard A. Muller, *Dictionary of Latin and Greek Theological Terms: Drawn Principally from Protestant Scholastic Theology* (Grand Rapids: Baker Book House, 1985), p. 216 (s.v. ousia).

의미들이 서려 있는데 본체(本體), 존재(存在), 실체(實體), 본질(本質) 등이 바로 그것들이다. 이러한 의미들을 종합해 보면, 우시아란 실재하고 현존하고 있는 존재의 근원이나 근본적인 성질 또는 본바탕 등을 뜻한다. 또한 성자 하나님을 성부 하나님보다 열등한 존재로 만들어버린 아리우스에게 반대했던 신앙의 선배들이 자주 사용했던 단어는 ὁμοούσιος(호모우시오스)란 단어인데, 이를 자세히 뜯어보면 그 단어 속에 내포되어 있는 귀중한 진리를 깨달을 수 있게 된다. '호모우시오스'란 단어는 헬라어로 '같은'이라는 뜻인 ὁμός(호모스)와 '본체, 존재, 실체, 본질'이라는 뜻인 οὐσία(우시아)가 형용사 형태소 ῖος(이오스)와 더불어 조합되어 만들어진 단어로 '동일 본질 한'이라는 뜻을 가진다. 결국 삼위일체론 혹은 기독론의 맥락 가운데 호모우시오스가 쓰일 때는 성부와 성자가 존재의 근원이나 근본적 성질, 본바탕이 동일하다는 뜻을 지니게 된다. 삼위 하나님의 본질적 하나 되심을 헬라어로 표현하면 μία οὐσία(미아 우시아)인데, 이는 '하나'라는 뜻을 가진 헬라어 μία(미아)와 '본질'이라는 뜻인 οὐσία(우시아)를 조합한 표현이다.

라틴어에서는 헬라어 '우시아'가 두 가지 단어로 표현된다. essentia(에센티아)와 substantia(수브스탄티아)가 바로 그것이다. 동방교회는 헬라어를 사용했으므로 하나님의 본질을 설명할 때 '우시아'를 사용했고, 서방교회는 라틴어를 사용했기 때문에 '에센티아' 혹은 '수브스탄티아'를 사용했다. 한자어로는 '에센티아'를 주로 본질(本質)로 번역하고, '수브스탄티아'는 본체(本體) 혹은 실체(實體)로 번역하는 경향이 강하다.[82] 즉 essentia(에센티아)가 사물이나 현상에 내재하는 근본적인 본성이나 성질을 뜻한다면, substantia(수브스탄티아)는 실제로 혹은 구체적으로 존재하는 사물이나 현상의 본질이라는 뜻을 더 강하게 내포한다.[83] 서방 교부들 중에서도 터툴리안(Tertullian, c.155-c.240) 같은 경우에는 '우시아'를 substantia(수브스탄티아)로,[84] 어거스틴(Augustine, 354-430) 같은 경우에는 '우시아'를 essentia(에센티아)로 번역하길 즐겨했다.[85] 두 단어 사이에 미묘한 의미 차이가 있기는 하지만 일반적으로는 상호 교환적으로 써도 큰 문제는 없다.[86] 중요한 사실은 essentia(에

---

[82] 칼빈 같은 경우엔 '우시아'를 주로 에센티아(essentia)로 번역하고, 이를 수브스탄티아(substantia)와 동일시하면서 사용하는 경향이 짙다. 칼빈, 『기독교 강요』, 1.13.5를 살펴보라.

[83] Muller, *Dictionary of Latin and Greek Theological Terms*, pp. 105-106 (s.v. essentia) & pp. 290-291 (s.v. substantia).

[84] Cf. G. C. Stead, "Divine Substance in Tertullian," *The Journal of Theological Studies*, vol. 14, no. 1 (April 1963), pp. 46-66.

[85] Augustine, "On the Trinity," in *Nicene and Post-Nicene Fathers*, vol. 3, ed. Philip Schaff, trans. Arthur W. Haddan (Peabody: Hendrickson Publisher, 2012), pp. 91-93 (*De trinitate*, 5.8-10).

[86] 칼빈, 『라틴어 직역 기독교 강요』, pp. 151(2.7); 벌코프, 『벌코프 조직신학(합본)』, p. 284.

센티아)와 substantia(수브스탄티아) 둘 다 헬라어 οὐσία(우시아)를 라틴어로 번역한 것으로, 구체적인 실체의 근원 본질 혹은 본성을 뜻한다는 것이다. 터툴리안과 어거스틴은 이 단어들을 하나님께 적용하여 una substantia(우나 수브스탄티아; 하나의 실체, 본체)[87], una essentia(우나 에센티아; 하나의 본질)[88]이라는 표현으로 각각 삼위일체 하나님의 본질적 하나 되심을 묘사했다.

영어는 주로 고대 헬라어와 라틴어를 어원으로 갖고 있는 언어다. 특히 신학 용어 같은 경우에는 라틴어의 어원을 가지고 있는 경우가 많다. 영어로 하나님의 본질을 표현할 때는 라틴어 단어인 essentia(에센티아)와 substantia(수브스탄티아)가 그대로 영어화되어 각각 essence(엣센스)와 substance(섭스턴스)로 표기한다. 영어에서는 삼위일체 하나님의 본질적 하나 되심을 one essence 혹은 one substance로 표현한다. 사실 영단어 essence와 substance도 엄밀하게 말하면 미묘한 의미 차이가 있는 단어다. essence는 추상적인(abstract) 사물이나 상태의 필수적인 본성(indispensable nature) 혹은 질(quality)을 표현하는 데 무게중심이 있다면, substance는 분명히 실재하는

---

[87] Tertullian, *Adversus Praxean*, 2.4, 12.6, 25.1, 26.9, passim.
[88] Augustine, *De trinitate*, 5.8.

(tangible) 사물이나 현상을 구성하는 실체적인 존재성(concrete reality)을 표현하는 데 좀 더 무게중심이 실려 있다.[89] 사실 이러한 차이점은 라틴어 단어 essentia(에센티아)와 substantia(수브스탄티아)가 본래부터 내포하고 있던 미묘한 차이점 때문이다. 그러나 일반적으로 삼위일체 하나님의 본질적 하나 되심을 영어로 표현할 때는 one essence 혹은 one substance를 상호 교차적으로 사용하여 표현한다.

지금까지 논의한 본질의 하나 됨을 표현하는 용어들을 정리해 보도록 하겠다. '본질'은 헬라어로는 οὐσία(우시아), 라틴어로는 essentia(에센티아) 혹은 substantia(수브스탄티아), 영어로는 essence(엣센스)와 substance(섭스턴스)로 표현한다. 하나의 본질을 표현할 때는 언어별로 각각 '하나'라는 단어를 본질 앞에 붙여 헬라어로는 μία οὐσία(미아 우시아), 라틴어로는 una essentia(우나 에센티아) 혹은 una substantia(우나 수브스탄티아), 영어로는 one essence(원 엣센스) 혹은 one substance(원 섭스턴스)로 표현한다. 다양한 언어적 표현들이 함의하고 있는 바, 그 의미를 가장 잘 살려서 단 하나의 한글-한자어 조합으로

---

[89] Muller, *Dictionary of Latin and Greek Theological Terms*, pp. 105-106 (s.v. essentia) & pp. 290-291 (s.v. substantia).

삼위일체 하나님의 하나 되심을 표현하면 '하나의 본질'로 표현할 수 있다.

'하나의 본질'이라는 표현은 반드시 위격에 대한 표현과 함께 균형 있게 발현되어야 한다. 왜냐하면 하나님은 늘 성부·성자·성령 삼위로 존재하시기 때문이다. 과거 신앙의 선배들은 성부·성자·성령을 어떻게 표현하고 묘사했는지 다음에서 살펴보도록 하자.

'세 위격'을 표현하는 용어

'위'(位) 혹은 '위격'(位格)이란 단어는 신학을 처음 접하는 분들에게는 다소 생소한 단어일 것이다. 하지만 이 단어들은 삼위일체 교리를 구성함에 있어 핵심 용어이기 때문에 반드시 정확한 개념 정리를 하고 넘어가야 한다.

위격이라는 한자어의 조합은 위를 '분 위(位)', 격을 '인격 격(格)'으로 이해하는 것이 좋다. 위격이라는 단어는 성부·성자·성령을 표현하기 위해 사용하는 단어다. 성경에 드러난 바와 같이 성부라는 '분'이 한 '인격'으로 존재하시고, 성자라는 '분'이 한 '인격'으로 존재하시며, 성령이라는 '분'이 한 '인격'으로 존재하시기 때문에 분 위(位)와 인격 격(格)이라는 한자어를 활용해 신적 본질 내의 구별성과 복수성을 '위격'이라는 단어로 표현한 것이다.

헬라어를 사용했던 동방 신학자들은 위격을 표현하기 위해 πρόσωπον(프로소폰)이라는 단어를 초창기부터 사용하기 시작했는데 그 뜻은 얼굴, 외양, 역할 등이다. 하지만 프로소폰이란 단어는 ὑπόστασις(휘포스타시스)라는 단어로 점차 대체되기 시작했는데 그 이유는 프로소폰이란 단어로 성부·성자·성령을 표현할 경우 성부라는 분, 성자라는 분, 성령이라는 분이 서로 구별된 인격적 실체로 존재하는 느낌이 아니라 외형적으로 얼굴만 혹은 역할만 바꾼 것처럼 느껴질 수 있는 표현이었기 때문이다.[90]

ὑπόστασις(휘포스타시스)라는 단어는 πρόσωπον(프로소폰)이란 단어가 가지고 있는 약점을 보완해 주는 단어이다. 왜냐하면 휘포스타시스는 겉만 바뀌는 개념이 아니라 성부·성자·성령의 각 인격이 고유한 실재, 개별적 존재, 독특한 특성, 서로 구별된 존재라는 사실을 내포하고 있는 단어이기 때문이다.[91] 그러므로 휘포스타시스로서의 성부·성자·성령은 각각

---

[90] πρόσωπον(프로소폰)이란 단어가 가지고 있는 약점이 극대화된 삼위일체 논리를 양태론(樣態論, modalism)이라고 부른다. 이에 대해서는 다음 장인 5장 잘못된 삼위일체에서 좀 더 구체적으로 살펴보도록 하겠다.

[91] Calvin, *Inst.*, 1.13.2.

그 자체로서 고유한 특질을 가지고 있으며, 이러한 개별적 특질은 성부·성자·성령을 서로 구별시키는 근본적 존재 근거가 된다.[92]

동방 교부들은 성부·성자·성령이라는 삼위를 τρεῖς ὑποστάσεις(트레이스 휘포스타세이스)로 표현했다. 헬라어로 셋을 뜻하는 τρεῖς(트레이스)와 ὑπόστασις(휘포스타시스)를 조합해 '세 위격'이라는 표현법을 사용한 것이다.

라틴어를 사용했던 서방 교부들은 동방 교부들이 사용했던 πρόσωπον(프로소폰)나 ὑπόστασις(휘포스타시스)를 세 가지 정도의 라틴 단어들을 사용해 표현했는데 하나는 hypostasis(히포스타시스), 다른 하나는 persona(페르소나), 또 다른 하나는 subsistentia(수브시스텐티아)라는 단어다. hypostasis(히포스타시스)는 철자에서 드러나듯 헬라어 단어 ὑπόστασις(휘포스타시스)를 동일하게 라틴어화한 단어다. 페르소나는 프로소폰과 유사하게 기본적으로 가면(mask), 연기자의 역할(role), 어떤 사람이 활동하는 상태(status) 등을 뜻하는 단어다.[93] 그러므로 페

---

92 Calvin, *Inst.*, 1.13.6; 바빙크, 『개혁교의학』, 2:371, 376.

93 Muller, *Dictionary of Latin and Greek Theological Terms*, pp. 223-227 (s.v. persona).

르소나라는 용어 자체도 프로소폰이 내재적으로 가지고 있는 약점을 일견 공유하고 있는 단어라고 볼 수 있다. 그럼에도 라틴 교부들은 페르소나에 실체성, 실존성, 존재성을 일관성 있게 부여함으로 성부·성자·성령의 위격적 구별됨을 페르소나라는 용어와 함께 잘 구현해 나갔다.[94] 라틴 교부들은 subsistentia(수브시스텐티아)라는 단어도 사용했는데 이는 위격적 실재, 위격적 실체, 혹은 위격적 실존으로 번역할 수 있는 독특한 단어다.[95] 칼빈은 subsistentia(수브시스텐티아)라는 단어를 신적 존재 안에 속하는 한 실재라고 설명하며 다른 위격적 실재들과 관계를 맺고는 있지만 서로 공유될 수 없는 특성들에 의해 서로 구별되는 실재라고 설명한다.[96]

이처럼 서방교회는 다양한 단어들로 삼위일체 하나님의 위격을 표현했다. 하지만 하나님의 세 위격을 표현할 때는 페르소나를 주로 사용하여 tres personae(트레스 페르소나이)라는 라틴어 표현을 사용했다. 라틴어로 셋인 tres(트레스)와 persona(페르소나)가 합쳐져 '세 위격'이라는 표현법이 만들어진 것이다.

---

[94] Calvin, *Inst.*, 1.13.2.

[95] Muller, *Dictionary of Latin and Greek Theological Terms*, p. 290 (s.v. subsistentia).

[96] Calvin, *Inst.*, 1.13.6. "Personam igitur voco subsistentiam in Dei essentia, quae ad alios relata, proprietate incommunicabili distinguitur."

영어에서는 라틴어의 페르소나를 그대로 따라가 위격을 person(펄슨)으로 표현한다. 헬라어 단어 πρόσωπον(프로소폰)과 라틴어 단어 persona(페르소나)가 내포하고 있는 본연의 의미를 좀 더 살려 영단어 person을 '인격'(人格)이라는 한자어로 표현하는 경우도 많다. 영어에서는 세 위격을 셋이라는 영단어 three와 위격(인격)이라는 단어 person을 조합해 three persons(뜨리 펄슨스)로 표현한다.

지금까지 살펴본 삼위일체 하나님의 '세 위격'을 표현하는 용어들에 대해 정리해 보도록 하자. 신앙의 선배들은 헬라어로는 주로 ὑπόστασις(휘포스타시스), 라틴어로는 persona(페르소나) 혹은 subsistentia(수브시스텐티아), 영어로는 person(펄슨)으로 위격을 표현했다. 세 위격은 각 언어별로 τρεῖς ὑποστάσεις(트레이스 휘포스타세이스), tres personae(트레스 페르소나이), three persons(뜨리 펄슨스) 등으로 표현했다. 삼위일체 내 세 위격들은 서로 상호 구별되는 실체들로서 각 위격마다 독특한 특성과 구별된 실재를 갖고 있다.

이 세 위격은 반드시 앞에서 살펴본 '하나의 본질' 즉 헬라어로는 μία οὐσία(미아 우시아), 라틴어로는 una essentia(우나 에센티아) 혹은 una substantia(우나 수브스탄티아)로, 영어로는 one essence(원 엣센스) 혹은 one substance(원 섭스턴스)와 함께 고찰되어야 한다. 세 위격은 서로 독립적으로 따로 분리되어 존재하고 활동하는 것이 아니라 언제나 하나의 본질적 바탕 위에서 다양성과 구별성을 추구하기 때문이다.

본질과 위격의 용어에 대한 논의를 마치기 전, 반드시 한 가지 짚고 넘어가야 할 점이 있다. 지금까지 살펴본 '하나의 본질, 세 위격'이라는 표현은 삼위일체 하나님을 표현하는 데 있어서 보편적 공교회 안에서 확립된 정통 삼위일체 용어이지만, 이 표현이 삼위일체 하나님의 무한하심과 신비로우심을 온전히 다 설명해 줄 수 있는 것은 아니라는 점이다. 분명 이러한 용어들도 신학적 한계와 약점이 존재한다. 그럼에도 이러한 용어들을 사용하는 것은 여전히 우리에게 유익이 있다. 이에 대한 칼빈의 설명을 좀 들어보도록 하자.

> 이 용어들이 경솔하게 만들어진 것이 아니므로, 그것들을 거부하여 경솔하며 교만하다는 비난을 받지 않도록 해야 할 것이다. 사실 나는 모든 사람들이 성부·성자·성령이 한 하나님이시지만 동시에 성자는 성부가 아니시고, 성령도 성자가 아니시며, 그들이 각기 고유한 특성을 지니신다는 이 믿음에 동의한다면, 위의 용어들이 차라리 묻혀지는 것이 좋겠다고 생각한다.[97]

---

[97] 칼빈, 『기독교 강요』, p. 149 (*Inst.*, 1.13.5).

만약 우리가 성경에 드러난 삼위일체 하나님의 본질과 속성에 대해서 아무런 질문 없이, 그대로 가감 없이 믿음으로 수납 가능하다면 삼위일체 용어들의 사용이 굳이 필요치 않을 수도 있다고 칼빈은 말한다.[98] 그럼에도 이러한 용어들은 경솔하고 무분별하게 자의적으로 만들어진 것이 아니기 때문에, 삼위일체 하나님을 제대로 이해하기 위해서는 겸손한 마음으로 이러한 용어 사용을 존중하고 선용해야 한다고 부연하고 있다.

지금까지 삼위일체 하나님의 본질과 위격을 표현하는 용어들에 대해 탐구했다. 다음부터는 세 위격인 성부·성자·성령께서 서로 어떤 방식으로 서로 관계를 맺으며 존재하시는가에 대해 살펴보도록 하자. 살펴볼 순서는 아버지 되심(태어나지 않으심), 아들 되심(태어나심), 성령 되심(나오심 혹은 내쉬심)의 순서로 살펴보도록 하겠다.

위격 간 관계에 대한 용어

하나의 본질과 세 위격을 가지신 삼위일체 하나님은 성경에

---

98 칼빈, 『기독교 강요』, pp. 149-152 (*Inst.*, 1.13.5).

나타난 바와 같이 성부·성자·성령이라는 위격적 실체로 존재하신다. 이 세 위격은 각각 서로 구별되는 존재들이며, 구별되는 각 존재들 사이에는 내재적이고 특징적인 상호 관계가 있다. 즉 성부·성자·성령 세 위격들 안에서 '서로가 서로에 대한 관계적 상태'가 존재한다.[99] 이를 아버지 되심, 아들 되심, 성령 되심으로 묘사한다. 지금부터 이에 대해 각각 살펴보도록 하겠다.

첫째, 성부 하나님은 삼위일체 하나님 중 첫 번째 위격으로 그의 위격적 속성은 '아버지 되심'(paternitas)이다.[100] 성부 되심의 특징적인 위격적 속성은 '태어나지 않으심'(ἀγεννησία)인데, 이는 성부가 태어나지 않으셨다는 표현은 성부가 성자로부터 출생되었다거나 혹은 성령으로부터 파송을 받은 것이 아니라는 뜻이 내포되어 있다. 즉 성부는 시작이 없는 분이고, 자신이 자기 스스로의 기원이시며, 자신이 자기 실체의 원인이시고, 자신 스스로가 자기 스스로의 기초 원리가 되는 분이다.[101]

---

[99] Muller, *Dictionary of Latin and Greek Theological Terms*, p. 261 (s.v. relatio personalis).

[100] Muller, *Dictionary of Latin and Greek Theological Terms*, p. 219 (s.v. paternitas).

[101] 바빙크, 『개혁교의학』, 2:386-387.

태어나지 않으신 첫 번째 위격을 '성부'라고 칭하는 이유는 성경이 그렇게 계시하고 있기 때문이다. 성경은 모든 피조물들의 근원을 성부 하나님께로 돌리고 있고(고린도전서 8:6; 에베소서 3:15; 야고보서 1:17; 히브리서 12:9 등), 거듭난 자들의(즉 하나님의 자녀들의) 영적인 아비를 성부 하나님으로 여길 뿐만 아니라(요한복음 1:12; 마태복음 6:6~15; 요한일서 3:1 등), 성자 그리스도 역시 하늘에 계신 하나님께 아버지라는 호칭을 사용해 부르셨다(요한복음 5:17~26, 8:54, 14:12~13 등).

비록 성부 하나님을 첫 번째 위격으로 칭하긴 하지만, 이 '첫 번째'라는 표현 속에는 어떠한 우월 관계나 계급 구조가 포함되지 않는다. 이는 하나의 동일본질 한 신적 본성 속에서의 특징적인 내재적 관계들을 표현하는 것으로, 본질적인 우월 관계 속에서의 순서라기보다는 동등한 위격적 상호 관계 속에서의 순서라고 이해해야 옳다.[102]

둘째, 성자 하나님은 삼위일체 하나님 중 두 번째 위격으로 그의 위격적 속성은 '아들 되심'(filiatio)이다. 아들 되심의 특징

---

102 바빙크, 『개혁교의학』, 2:382. "하나님의 존재는 성부 됨, 성자 됨 그리고 성령 됨에서 내용적으로, 실질적으로 구별되는 것이 아니라 단지 이성적으로, 관계적으로 구별될 뿐이다."

적인 위격적 속성은 성부로부터 '태어나심'(γέννησις)이다. 사실 성부 하나님의 태어나지 않으심에 대해서는 쉽게 이해가 가지만 성자 하나님의 태어나심에 대해서는 선뜻 이해가 안 될 수도 있다. 왜냐하면 '태어남'이라는 단어 자체가 인간적인 출생의 뉘앙스를 한껏 풍기기 때문이다. 즉 생물학적으로 생각할 때 태어난다는 것은 세포의 분열과 성장을 통해 한 생명체가 뱃속에서 자란 후 때가 되면 태어난다는 의미와 더불어, 만약 태어났다면 태어나지 않았었을 때가 있었다는 의미 역시 일견 서려 있기 때문이다. 이러한 생각이 곧 아리우스파의 생각이었다. 하지만 성자의 태어나심을 그렇게 이해해서는 안 된다. 오히려 성자의 태어나심은 생물학적인 태어남이 아니라, 신적이고 영적인 태어남으로 이해해야 한다. 생물학적인 태어남은 필연적으로 분리, 분할, 고통, 유출이 수반되어야 하지만, 신적인 태어남은 그렇지 않다.[103] 네덜란드의 개혁신학자 헤르만 바빙크는 이를 다음과 같이 정확히 표현했다: "성자의 태어나심은 신적 존재의 구별(distinctio)과 구분(distributio)을 초래하나, 모순(diversitas)과 분할(divisio)을 초래하지는 않는다."[104] 바빙크의 이 말을 좀 더 풀어 설명해 보도록 하자. 즉 성

---

[103] Athanasius, *Apologia contra Arianos*, 1.16.28.
[104] 바빙크, 『개혁교의학』, 2:388.

자가 성부로부터 태어났다고 해도 삼위일체 하나님의 신적인 본성이 서로 쪼개지는 것이 아니라는 것이다. 게다가 성부와는 위격적으로는 구별되지만 본질적으로는 동일한 또 다른 위격적 실재인 성자가 성부로부터 영적으로 발생되었다는 것이 성자가 출생했다는 의미다.

또 하나 중요한 점은 성자의 태어나심은 시간적 출생이 아니라 영원한 출생이라는 점이다. 이를 벌코프는 다음과 같이 간결하게 정리한다: "이것은 성자의 발생이 아주 먼 과거에 완성된 행동임을 의미하는 것이 아니라 오히려 그 발생이 무시간적(timeless) 행위, 즉 영원한 현재의 행위, 항상 계속하지만 언제나 완성된 행위임을 의미한다. 성자의 발생의 영원성은 [성부] 하나님의 영원성으로부터 유래할 뿐만 아니라, 신적 불변성과 성자의 참된 신성으로부터 유래한다."[105] 성자 하나님의 이러한 영원한 출생은 성자를 한낱 피조물로 치부하거나 혹은 태어나지 않았을 때가 있었다고 주장했던 아리우스파들의 주장을 단번에 일축시킬 수 있는 귀한 가르침이다.

삼위일체의 두 번째 위격을 '성자'라고 부르는 이유는 첫 번째 위격을 성부라고 부르는 이유와 동일하다. 성경이 그렇게 말하고 있기 때문이다. 성경은 성자를 하나님의 아들이라

---

[105] 벌코프, 『벌코프 조직신학(합본)』, p. 291.

고 부르며(갈라디아서 4:4 등), 예수 그리스도 본인도 스스로를 하나님 아버지의 아들이라고 선포한다(마태복음 11:27; 요한복음 5:18, 10:36 등). 그리스도는 제자들에게 하늘에 계신 하나님을 아버지라 생각하라고 가르치시기도 하셨다(마태복음 6:9; 요한복음 20:17). 이처럼 예수 그리스도를 성자로 여기는 것은 하나님의 자기 계시인 성경 스스로가 그렇게 가르치고 있기 때문이다.

셋째, 성령 하나님은 삼위일체 하나님 중 세 번째 위격으로 그의 위격적 속성은 '성령 되심'(혹은 내쉬심, spiratio)이다.[106] 성령 되심의 특징적인 위격적 속성은 성부와 성자로부터의 '발출'(즉 나오심, processio)이다.[107] 예로부터 성령과 다른 두 위격들 사이의 관계에 대해서 다양한 방식으로 표현되어져 왔는데 예를 들면 나오다, 내쉬어지다, 쏟아 부어지다, 내보내다, 나타나다 등이 바로 그것들이다. 일반적으로는 성령의 위격적 실체의 존재 양식을 표현할 때는 나오다 혹은 내쉬어지다 정도로 표현한다.

세 번째 위격인 성령의 존재 방식은 두 번째 위격인 성자의

---

[106] Muller, *Dictionary of Latin and Greek Theological Terms*, p. 286 (s.v. spiratio).

[107] Muller, *Dictionary of Latin and Greek Theological Terms*, p. 247 (s.v. processio).

존재 방식과 구별될 필요가 있는데 앞에서 살펴본 것같이 성자는 성부로부터 영원하게 출생(혹은 발생)했다라고 표현해야 하며, 성령은 성부와 성자로부터 발출 즉 나오셨다고 표현하는 것이 옳다.[108] 성자의 출생과 성령의 발출은 신적 본성의 발생 및 전달이기 때문에 출생 및 발출 후에도 성부·성자·성령 삼위 간의 본질은 영원토록 동등하다.[109]

성령의 발출을 '내쉼'으로도 표현하는 데 신앙의 선배들은 이 내쉼이라는 단어를 '능동적 내쉼'(spiratio activa)과 '수동적 내쉼'(spiratio passiva)으로 구별해 사용했다.[110] 능동적 내쉼이란 성부와 성자의 적극적인 활동을 뜻하는 것으로, 성부와 성자

---

[108] 성령이 성부로부터만 발출되는가(동방교회가 지지) 아니면 성부와 성자로부터 발출되는가(서방교회가 지지)에 대한 논쟁을 필리오케(filioque) 논쟁이라고 부른다. 성경은 후자를 보다 더 지지하고 있는데 요한복음 15장 26절(내가 아버지께로부터 너희에게 보낼 보혜사 곧 아버지께로부터 나오시는 진리의 성령이 오실 때에 그가 나를 증언하실 것이요), 로마서 8장 9절(만일 너희 속에 하나님의 영이 거하시면 너희가 육신에 있지 아니하고 영에 있나니 누구든지 그리스도의 영이 없으면 그리스도의 사람이 아니라), 갈라디아서 4장 6절(너희가 아들이므로 하나님이 그 아들의 영을 우리 마음 가운데 보내사 아빠 아버지라 부르게 하셨느니라) 등이 그 증거들이다. 삼위일체 하나님을 다루는 웨스트민스터 신앙고백서 2장 3절 하반절은 후자를 지지하며 다음과 같이 진술한다. "…아버지는 누구로부터 나지도 혹은 나오지도 않으시며, 아들은 아버지로부터 영원히 나시며, 성령은 아버지와 아들로부터 영원히 나오신다."

[109] 바빙크, 『개혁교의학』, 2:393-395.

[110] Muller, *Dictionary of Latin and Greek Theological Terms*, p. 286 (s.v. spiratio).

가 능동적으로 신적 본질을 내쉬어 성령이 발출되는 신적 활동을 뜻한다. 수동적 내쉼이란 성부와 성자의 능동적 내쉼을 통해 성령이 수동적으로 내쉬어지는 혹은 발출되어지는 성령의 수동적 운동을 뜻한다. 비록 성부·성자·성령 사이의 관계가 내쉬고, 내쉼을 당하는 관계이기는 하지만 그 안에는 어떠한 본질적 위계질서나 우월 관계가 없다는 사실을 다시 한 번 상기해야 한다.

삼위일체의 세 번째 위격을 '성령'이라고 부르는 이유는 성부와 성자의 경우와 같이 성경이 그렇게 말하고 있기 때문이다. 성경은 성부와 성자와 함께 성령을 나란히 기록하고 있으며(마태복음 28:19; 고린도후서 13:13; 베드로전서 1:2 등), 두 번째 위격인 성자 그리스도께서 친히 성령이라는 호칭을 쓰며 진리의 영을 소개하고 있다(요한복음 15:26). 뿐만 아니라 성경은 늘 성령 하나님을 인격적인 영으로 묘사하고 있다(로마서 8:26; 요한복음 16:7~11 등).

지금까지 살펴본 논의를 정리해 보도록 하자. 하나의 본질, 세 위격으로 존재하시는 삼위일체 하나님은 각 위격적 실체들 간에 서로 특징적인 상호 내재 관계를 맺고 계신다. 이러한 위격 간의 신적 관계를 아버지 되심, 아들 되심, 성령 되심으로 표현할 수 있다. 성부 하나님은 누구로부터 나지도 혹은 나오지도 않으시며, 성자 하나님은 성부 하나님으로부터 영원히 나시며(영원한 출생), 성령 하나님은 아버지와 아들로부터 영원히 나오시는(발출) 관계라는 사실을 살펴보았다.[111] 이러한 용어와 개념들은 인간이 자의적으로 만들어낸 형이상적 고안물이 아니라 성경이 말하고 있는 바에 대한 깊이 있는 묵상과 고찰로 인해 도출되어진 고도로 정제된 신학적 개념이다.

삼위일체 하나님을 묘사하는 데 사용하는 용어와 개념들이 복잡하기 때문에 혹자는 이러한 용어 사용의 필요성과 정당성에 여전히 의심을 품을 수도 있다. 본 장의 논의를 마무리하며 이에 대한 칼빈의 교훈을 생각해 보도록 하겠다.

> 곧 혹시 우리가 고안해 낸 용어들에 대해서 인정하기를 원치 않는 자들이 있다 할지라도, 그들이 교만과 완악함과 어울리지 않는 혈기로 그렇게 반대하는 것이 아니라면, 그들의 그런 반대의 태도에 대해서 즉각적으로 마구 독필을 휘두른다든지 가혹하게 비난하는 일은 자제해야 한다는 것이다. 그리고 그들로 하여금 우리가 그런 용어들을 쓸 수밖에 없었던 그 사정을 깊이 생각하도록 하며, 점점 그런 표현 형식의 유용성에 익숙해지기를 기꺼이 인정하도록 만들어야 할 것이다.[112]

---

111 Cf. 웨스트민스터 신앙고백서, 2장 3절 하반절.
112 칼빈, 『기독교 강요』, p. 151 (*Inst.*, 1.13.5).

칼빈은 우리에게 다양한 삼위일체 용어들을 설명하면서 겸손함과 자중함 가운데 그 용어들을 존중하며 선용해야 한다는 교훈을 주고 있다. 무한한 영이신 삼위일체 하나님을 유한한 인간의 언어에 가두는 오류를 범하지 않기 위해서는 늘 성경에 비추어 용어들을 반성함과 동시에 개념을 더 날카롭게 다듬어 삼위일체 하나님의 본질과 위격이 더 풍성히 잘 드러나도록 노력에 노력을 거듭해야 할 것이다.

마지막으로, 이 장에서 다루었던 삼위일체 관련 용어들을 도표를 사용하여 총정리해 보도록 하자. 이를 통해 지금까지 다루었던 용어들이 다시 한 번 개념적으로 정제되는 시간을 가지길 바란다.

〈본질과 위격을 지칭하는 용어〉

	동방교회 (헬라어)	서방교회 (라틴어)	영어	한글의 의미
일체	οὐσία	essentia	essence	본질
		substantia	substance	실체
삼위	ὑπόστασις	hypostasis	hypostasis	위격
		subsistentia	subsistence	위격적 실재/실체/본체
	πρόσωπον	persona	person	인격

⟨삼위일체 표준 공식⟩

	공식	한글의 의미
동방교회 (헬라어)	μία οὐσία, τρεῖς ὑποστάσεις	하나의 본질, 세 위격
서방교회 (라틴어)	una essentia, tres personae	하나의 본질, 세 인격
	una substantia, tres personae	하나의 실체, 세 인격
영어	one essence, three persons	하나의 본질, 세 위격(인격)

⟨위격들 간의 관계⟩

	용어		한글의 의미
제1위를 표현	라틴어	paternitas	아버지 되심
	헬라어	ἀγεννησία	태어나지 않으심(출생이 없으심)
제2위를 표현	라틴어	filiatio	아들 되심
	헬라어	γέννησις	태어나심(출생하심)
제3위를 표현	라틴어	processio	나오심(발출하심)
		spiratio	내쉬심
	헬라어	εκπόρευσις	나오심(발출하심)

NOTE

5장

잘못된 삼위일체

삼위일체 하나님은 그 본질상 눈으로 선명하게 보이고 만져지는 분이 아니다. 때문에 그분의 무한하심과 영(靈, spirit)이심 그리고 그분의 존재 양식의 신비로움을 철저히 인식하고 염두에 두지 않는 한, 자의적인 모습으로 삼위일체 하나님을 우리 머릿속에서 마음대로 피조하고 창조할 수 있는 위험이 도사리고 있다. 교회 역사 속에서 잘못된 삼위일체 하나님이 왕왕 만들어진 이유도 바로 여기에 있다. 무한하신 삼위일체 하나님을 유한한 인간의 머릿속에서 유한한 언어와 그림을 사용하여 재단하고 피조함으로 하나님의 본질과 존재 양식을 훼손했던 적이 많았던 것이다.

앞선 장에서 살펴보았듯이 삼위일체 하나님에 대한 바른 용어 표현은 '하나의 본질, 세 위격'(μία οὐσία, τρεῖς ὑποστάσεις)이었다. 지금부터 살펴볼 잘못된 삼위일체는 공교회가 확립한 삼위일체 표준 공식을 오해하거나 혹은 잘못 적용하여 결론적으로 '하나의 본질, 세 위격'이 틀어지거나 왜곡된 양상을 가지고 있는 경향이 짙은 사상들이다.

'하나의 본질'과 '세 위격'의 상호 균형은 절대로 깨지지 말아야 한다.[113] 즉 하나의 본질 때문에 세 위격이 무너지면 안 되고, 반대로 세 위격 때문에 하나의 본질 역시 깨어지면 안 된다. 이 두 진리는 늘 균형 있게 함께 가야 한다. 하나의 본질이 삼위일체 하나님의 '단일성' 즉 하나 되심을 대변하고 있다면, 세 위격은 삼위일체 하나님의 '다양성'과 '상호 구별성'을 대변하고 있는 진리다. 다시 말해, 단일한 본질 가운데 서로 구별된 세 위격이 존재하는 것이다.

지금부터 살펴볼 잘못된 삼위일체론은 하나의 본질과 세 위격 사이에 반드시 존재해야 하는 상호 균형과 상호 강조가

---

[113] 신학에서 '균형'은 매우 중요하다. 이단이나 이설들은 대부분 균형을 잃은 채 어느 한쪽으로 치우치는 '극단성'을 가지고 있기 때문이다. 나는 신학의 모든 분야들 가운데서 건전한 균형을 잡는 작업을 지속적으로 해 나가고 싶은 소망이 있다. 이와 관련된 자료로는 칭의론의 영역에서 박재은, 『칭의, 균형 있게 이해하기: 하나님의 주권 대 인간의 역할, 그 사이에서 바라본 칭의』 (서울: 부흥과개혁사, 2016), 속죄론의 영역에서 박재은, "조나단 에드워즈의 속죄론: 스티븐 웨스트의 속죄론과 비교해 본 에드워즈의 객관적, 주관적 속죄 측면 사이의 균형," 「개혁논총」 33 (2015), pp. 75-115 등이 있다. 주제에 관심 있는 분은 참고하길 바란다.

깨어진 삼위일체론들이다. 살펴볼 순서는 다음과 같다. 먼저 하나의 본질을 깨고 있는 삼위일체론인 삼신론을 살펴보고, 그 다음에는 세 구별된 위격을 깨고 있는 단일신론의 형태를 양자론과 양태론의 맥락 하에서 살펴보도록 하겠다. 사실 한국 교회의 많은 성도가 자의 반 타의 반 삼신론적으로 혹은 단일신론적으로 삼위일체 하나님을 인식하고 있는 경향이 존재한다. 그러므로 정확하고 선명한 분별력이 필요하다. 이번 장에서 다룰 내용을 통하여 다시 한 번 분별력의 칼이 날카롭게 갈아지길 소망한다.

삼신론

삼신론(三神論, tritheism)은 용어 자체에서 드러난 바와 같이 하나님을 셋으로 만드는 것이다.[114] 삼위일체의 각 위격들인 성부·성자·성령의 상호 구별성과 위격적 실체성을 극단적으로

---

[114] 본질, 위격, 삼신론 등의 관계를 잘 조망한 Nathan Jacobs, "On 'Not Three Gods' Again: Can a Primary-Secondary Substance Reading of Ousia and Hypostasis Avoid Tritheism?," *Modern Theology*, 24.3 (Jul 2008), pp. 331-358과 삼신론과 삼위일체의 관계를 잘 설명한 Kelly James Clark, "Trinity or Tritheism," *Religious Studies*, 32.4 (Dec 1996), pp. 463-476을 참고하라.

강조하다 보면 결국 세 하나님(three Gods)이 창출된다. 물론 앞에서 살펴보았듯이 성부·성자·성령 세 위격 다 경배와 찬양을 받기에 합당한 하나님이시기 때문에 엄밀히 말하면 세 하나님이 계신 것도 맞다. 하지만 삼신론의 맹점은 이 지점이 아니다. 삼신론이 갖고 있는 핵심적인 맹점은 세 하나님 간에 존재하는 '본질적 하나이심'을 간과한 것이다. 즉 삼신론은 세 위격들의 상호 구별성과 신성이심(즉 하나님이심) '만'을 강조한 결과 삼위 간에 존재하는 본질적 하나이심이 무시되거나 간과된 것이다. '하나의 본질'과 '세 위격'의 상호 균형이 깨져버린 것이다.

사실 현대 신학계에서 삼신론을 교의화하여 적극적으로 주창한 인물이나 단체는 찾기 어렵다. 오히려 우리의 의식 근저에 폭넓게 존재하는 삼위일체 하나님에 대한 '삼신론적 이해'가 더 큰 문제다. 한국 교회 성도도 자칫 잘못하면 삼위일체 하나님을 삼신론적으로 이해하고 있을 수 있다. 성부·성자·성령 하나님이 본질적으로 하나 되신다는 핵심적인 끈을 잠시 놓친 채 성부·성자·성령 하나님을 각각 독립된 세 하나님으로 만드는 의식이 우리 뇌리 속에서 쉽게 작동될 수 있기 때문이다.

하지만 삼위일체 하나님은 세 하나님으로만 존재하는 분이 아니다. 그럼에도 성부·성자·성령 하나님은 각각 하나님이시다. 언뜻 보면 모순이라고 느껴질 수 있는 이 진술들을 한데 묶어 종합적으로 정리하기 위해서는 앞 장에서 살펴본 바른 용어 사용이 반드시 필요하다. 성부·성자·성령은 한 분 한 분 다 하나님이시다. 이를 세 위격이라 표현한다. 이 세 위격적 실체들은 하나의 본질이시다. 그러므로 삼신론적인 오해의 소지를 의도적으로 줄이기 위해 '세 하나님'이란 표현보다는 본질상 하나의 하나님이시지만 그럼에도 세 위격으로 존재하신다고 표현하는 것이다.

삼신론은 그 교리적 맥이 다신론(多神論, polytheism)과도 맞닿아 있다. 다신론은 하나님을 다수로 설정하는 사상이다. 다신론은 이교 문화 속에서 쉽게 발견 가능하다.[115] 삼위일체 하나님을 본질적 하나 되심으로 묶지 않고 각각 서로 독립된 세 하나님들로 만들어 버리는 삼신론의 논리적 결론은 일견 다신론으로 향하는 문을 열 수 있다. 본질에 있어서의 '일체' 없이 '삼신'만 강조할 때 귀결될 수밖에 없는 결론은 다수의 하나님들을 만들어 버리는 것이기 때문이다. 이는 삼신론적 이해가

---

[115] Alain Daniélou, *The Myths and Gods of India: the Classic Work on Hindu Polytheism from the Princeton Bollingen Series* (Rochester: Inner Traditions International, 1991); David L. Miller, *The New Polytheism: Rebirth of the Gods and Goddesses* (New York: Harper & Row, 1974) 등을 참고하라.

무조건 다신론으로 귀결된다기보다는 논리적 구조가 그렇게 흐를 수 있다는 말이다.[116]

삼신론은 성경의 가르침과도 배치된다. 앞선 2장에서 살펴본 것처럼 여호와 하나님은 "오직 유일한 여호와"(신명기 6:4)이시다. 성부·성자·성령 삼위로 존재하시지만, 그럼에도 "오직 유일"하신 이유는 성부·성자·성령 삼위가 본질적으로는 하나이시기 때문이다. 본질상 하나 되심을 간과하고 있는 삼신론이 신명기 6장 4절과 정면으로 배치되는 이유가 바로 여기에 있다. 본질적 하나 됨을 간과한 채 논의되는 모든 삼위에 관한 이야기들은 삼신론으로 흐를 수밖에 없는 논리적 약점을 가지고 있다.

삼신론을 요약하도록 하겠다. 삼신론은 정통 공교회가 지속적으로 믿어왔던 삼위일체 하나님에 대한 도리 즉 '하나의 본질, 세 위격'이라는 가르침 중에서 세 위격에만 집중한 나머지 본질의 하나 되심을 놓쳐버린 균형 잃은 잘못된 삼위일체론이다. 세 하나님이 하나의 본질 없이 존재할 때 자연스럽게 귀결되는 모습은 서로 다른 '세 하나님' 즉 삼신(三神) 뿐이다. 이 모습이 삼신론이 갖고 있는 핵심 모체다.

---

[116] 다신론적 사상은 다양한 구원자'들'을 만들어 내고, 이는 결국 포스트모더니즘 사회에 팽배한 다원주의적 구원론으로 우리를 이끈다. 다신론적 사고와 다원주의의 관계성에 대해서는 박재은, "존 힉의 은유적 성육신 개념," pp. 163-198을 참고하라.

단일신론

앞서 살펴보았던 삼신론이 세 위격에만 집중하고 본질의 하나 됨을 간과한 삼위일체론이었다면, 지금부터 살펴볼 단일신론(單一神論, monarchianism)은 성부의 위격만을 강조한 결과 다른 위격들의 실체와 능력과 권능이 상대적으로 약화되는 삼위일체론이다.[117]

단일신론을 다른 말로는 '독재신론'(獨裁神論) 혹은 '군주신론'(君主神論)이라고도 부른다. 그 이유는 단일신론의 구조 안에서 성부의 위격이 다른 두 위격들에게 독재자 혹은 전제군주와 같은 절대적 영향력을 행사하기 때문이다. 단일신론을 영어로는 monarchianism으로 표현하는 데, 여기서 말하는 monarch의 뜻이 바로 '군주'란 뜻이다.[118]

단일신론은 그 갈래가 복잡하다. 복잡한 갈래를 크게 두 가지로 갈무리하면, '역동적 단일신론'과 '양태적 단일신론'으로 나눌 수 있다. 지금부터 이 단일신론들을 각각 살펴보도록 하

---

117 단일신론의 개념과 역사적 흐름에 관해 일목요연하게 정리한 바빙크, 『개혁교의학』, 2:363-369를 참고하라.

118 Cf. György Geréby, "Hidden Themes in Fourteenth-Century Byzantine and Latin Theological Debates: Monarchianism and Crypto-Dyophysitism," in *Greeks, Latins, and intellectual history, 1204-1500*, eds. Martin Hinterberger & Christopher David Schabel (Leuven: Peeters, 2011), pp. 183-211.

겠다. 한국 교회 성도의 뇌리 저변에 박혀 있는 삼위일체론이 단일신론의 구조와 일견 비슷한 경향이 있으므로, 단일신론의 핵심을 정확히 파악해 분별력을 기를 필요가 있다.

역동적 단일신론

역동적 단일신론(力動的 單一神論, dynamic monarchianism)을 다른 말로 '양자론'(養子論, adoptionism)이라고도 부른다. 이러한 명칭들은 이 삼위일체 이론이 갖고 있는 논리적 구조 때문이다. 기본적으로 이 이론은 두 번째 위격인 예수 그리스도의 위치가 역동적인 과정 가운데 성부의 양자가 되었다는 구조를 갖고 있다.[119]

이를 좀 더 풀어 설명해보도록 하겠다. 이 이론에 따르면 예수 그리스도는 초자연적으로 잉태되긴 했지만, 그럼에도 본래 하나님의 아들이 아닌 평범한 인간에 불과했다. 평범한 인간이었던 인간 예수가 세례를 받을 때 드디어 인간 예수는 기름 부음 받은 그리스도가 되었고 동시에 하나님의 아들로 불리는 양자 됨의 은혜를 누리게 된다. 양자로 입양된 후 예수 안에 있던 로고스(λόγος)가 점진적으로 인간 예수를 성령의 능

---

[119] Kelly, *Early Christian Doctrines*, pp. 252-279.

력으로 신성화(神聖化, divinization)시켜 삼위일체의 영광 안으로 들어갔다고 본다. 예수 그리스도는 그의 부활 이후에 하나님의 아들이라는 불변한 지위를 만방에 확증하게 된다. 이처럼 한낱 인간 예수에서 하나님의 신적인 양자로 그 지위와 위치가 변화무쌍하게 역동적으로 변화되기 때문에 이 이론을 '역동적 단일신론' 혹은 '양자론'이라고 부르는 것이다.[120]

이러한 주장은 2세기 비잔틴의 테오도투스(Theodotus of Byzantium)에 의해 주창되었고,[121] AD 260~268년 동안 안디옥의 주교였던 사모사타의 바울(Paul of Samosata)에 의해 더욱더 정교하게 발전되었다. 비잔틴의 테오도투스와 사모사타의 바울은 큰 틀에서는 동일한 내용을 가르쳤으나, 그 가르침의 내용이 완전히 동일했던 것은 아니었다. 예를 들면 인간 예수가 세례 받을 때 양자가 되었는가, 아니면 부활 후에 양자가 되었는가에 대해서는 서로 간에 약간의 의견 차이가 있다. 그럼에도 기본적인 큰 틀은 같다. 인간 예수가 이후에 하나님의 아들로 입양되었고, 그 양자 됨의 과정이 역동적이라는 점이다.

엄밀히 말해서 역동적 단일신론(혹은 양자론)은 단일신론의

---

[120] Cf. 바빙크, 『개혁교의학』, 2:360-362.

[121] Riemer Roukema, *Jesus, Gnosis and Dogma* (London: T & T Clark, 2010), passim.

범주보다는 기독론의 범주에 좀 더 가깝다. 왜냐하면 단일신론은 기본적으로 군주론으로서 성부의 위격이 전제군주로서의 역할을 감당해야 하는데, 역동적 단일신론에서는 성부가 군주로서 적극적으로 독재 활동을 하기보다는 예수 그리스도의 위치와 지위 변화에 논리 구조의 핵심을 두고 있기 때문이다. 그럼에도 역동적 단일신론을 삼위일체론에서 다루는 이유는 정통 공교회의 삼위일체 표준 공식인 '하나의 본질, 세 위격'을 결과적으로 무너지게 만드는 이론이기 때문이다. 즉 인간 예수가 이후에야 하나님의 양자로 입양되었다는 역동적 단일신론의 논리는 결국 삼위일체 하나님 내의 하나의 본질됨을 무너뜨릴 뿐만 아니라 세 위격 간의 신적 구별성과 동등성 또한 앗아가게 만들기 때문이다. 이는 결국 성자의 위격을 성부의 위격보다 열등하게 만들어 성부의 위격만 강조하는 단일신론의 구조 아래 성자를 내버려 둘 수밖에 없게 되는 논리 구조를 만든다.

역동적 단일신론은 '성자 종속설'(聖子 從屬說, subordinationism)로도 표현할 수 있다. 성자 종속설은 '제1위 우위설'이라고도 불리는데, 삼위일체 중 첫 번째 위격인 성부가 가장 우월하며 성자는 그보다는 본질적으로 열등하기 때문에 성자가 성부에게 본질적으로 종속되는 입장이라는 주장이다.[122] 이러한 성자 종속설은 전형적인 기독론 이단인데, 그 이유는 예수 그리스도를 성부 하나님보다 본질적으로 열등한 존재로 보고 성자의 신격을 약화시키는 반(反)성경적인 주장이기 때문이다.

역동적 단일신론은 초대 교회 당시 유대주의적 성향을 가진 에비온파(Ebionites)들과도 사상적 맥락을 함께 한다.[123] 에비온파는 기본적으로 유대적 사고방식을 가졌으므로 모세 율법의 전통을 가장 중시했으며, 예수 그리스도를 믿는 믿음에 근거한 이신칭의 복음을 설파한 바울 서신을 부인했다.[124] 에비온파는 주장하길 예수는 나사렛에서 태어난 인간 예수로서 세례를 받을 때 비로소 성령이 임하여 (마태복음 3:13~17)[125] 성부 하나님으로부터 기름 부은 받은 그리스도 메시야로 세움을 받았다고 주장했다. 이러한 에비온파의 논리 구조는 위에서

---

[122] 삼위일체와 성자 종속설, 그리고 현대의 젠더 논쟁을 다룬 독창적인 책으로는 Kevin Giles, *The Trinity & Subordinationism: the Doctrine of God and the Contemporary Gender Debate* (Downers Grove: InterVarsity Press, 2002)를 참고하라.

[123] G. R. Evans, *A Brief History of Heresy* (Oxford: Blackwell Publishing, 2003), p. 67.

[124] Petri Luomanen, "Ebionites and Nazarenes," in *Jewish Christianity Reconsidered: Rethinking Ancient Groups and Texts*, ed. Matt Jackson-McCabe (Minneapolis: Fortress Press, 2007), pp. 81-118.

[125] 에비온파는 신약 성경에서 마태복음만 인정하고 사용했다.

살펴본 역동적 단일신론의 구조와 유사하다.

현대 신학에서는 성자 열등설 혹은 성자의 신성 약화설이 여전히 힘을 갖고 있다.[126] 이러한 논리들은 성자 그리스도를 하나님의 위치로부터 끌어 내리려고 하는 성향을 짙게 내포하고 있다. 앞에서 살펴보았듯이 성부와 성자의 관계를 동일본질 관계로 보지 않고 유사본질 정도로 보려고 하는 아리우스의 현대적 후예들의 최종 삼위일체적 종착점은 단일신론뿐이다. 삼위일체 세 위격 중 성부에게만 신성을 몰아주는 성향이 짙기 때문이다.[127] 이러한 신학적 성향의 가장 큰 문제점은 예수 그리스도에 대한 성경의 가르침과 정면으로 배치된다는 점이다. 앞서 살펴보았듯이 성경은 성부·성자·성령 삼위 하나님의 동일본질성을 지속적으로 신·구약 전체에 걸쳐 자명하게 드러내고 있다.

---

[126] Cf. 박재은, "존 힉의 은유적 성육신 개념," pp. 163-198; 브루스 맥코맥, "그리스도의 인격," 『현대신학 지형도: 조직신학 각 주제에 대한 현대적 개관』, 켈리 케이픽, 브루스 맥코맥 편, 박찬호 역 (서울: 새물결플러스, 2016), pp. 261-301.

[127] 이러한 경향은 현대 속죄론에서도 두드러지게 나타난다. 성자를 성부보다 열등하게 보고, 성자의 속죄 사역을 성부가 성자에게 저지르는 폭력적인 아동 학대 정도로 치부하는 것이다. 이 주제에 대한 나의 소논문 박재은, "속죄와 윤리: 데니 위버의 만족설 비판과 조안 브라운의 신적 아동 학대 모티브에 대한 비판적 고찰," 「기독교사회윤리」 30 (2014), pp. 161-193도 참고하라.

단일신론의 한 축을 이루는 역동적 단일신론(양자론)에 대한 논의를 요약하도록 하자. 성부 하나님께만 하나님 되심(신성)을 몰아주고 역동적인 과정을 통해 예수 그리스도를 한낱 인간에서 하나님의 양자로 승격시키는 구조가 바로 역동적 단일신론이 갖고 있는 논리 구조이다. 이는 성부와 성자 사이의 동일본질성을 파괴하는 구조이기 때문에 '하나의 본질, 세 위격'의 삼위일체 표준 공식을 무너뜨리는 삼위일체론으로 평가할 수 있다.

다음에 살펴볼 이론은 단일신론의 또 다른 한 축을 이루는 양태적 단일신론이다. 한국 교회 성도의 삼위일체에 대한 이해에 양태적 단일신론이 많이 묻어 있기 때문에 반드시 그 개념을 정확히 인지해 분별해야 한다.

양태적 단일신론

양태적 단일신론(樣態的 單一神論, modalistic monarchianism)은 다른 말로 '양태론'(樣態論, modalism) 혹은 '양식론'(樣式論, modalism)으로도 불린다. 양태적 단일신론의 핵심 사상은 성부·성자·성령의 세 위격은 각각 서로 구별된 세 인격체가 아니라 단지 현현이 서로 다른 세 가지의 양태에 불과하다는 것이다. 즉 하나님은 하나인데(그러므로 단일신론), 그 하나인 하나님이 서로 다른 이름과 서로 다른 양태들로 나타난다는 것이다(그러므로 양태적).[128] 결국 삼위가 아닌 일위만을 말하고 있으므로 양태적 단일신론을 양태론적 일위설(樣態論的 一位說)이라고도 부른다. 서로 구별된 세 위격을 강조하는 것이 아니라 한 위격의 세 면(面) 정도로 삼위일체 하나님을 묘사하는 것이다.

양태적 단일신론을 사벨리우스주의(Sabellianism)라고도 통칭하는데, 이는 3세기 로마에서 활동했던 사벨리우스(Sabellius, fl. ca. 215)의 이름을 따서 붙여진 명칭이다. 사벨리우스주의에 의하면 성부·성자·성령은 하나의 본질 안에 서로 구별된 위격적 실체/실재들을 가리키는 것이 아니라 한 분 하나님께서 피조물들에게 스스로를 현현하시는 세 가지의 서로 다른 양태들 즉 창조자(성부), 구원주(성자), 완성자/적용자(성령)의 양식적 이름일 뿐이라고 가르쳤다.[129]

양태적 단일신론을 영어로 modalism으로 표현하는 이유가 바로 여기에 있다. 영어로 mode는 '양식' 혹은 '형식'이다. 한 분 하나님께서 자신의 mode, 즉 양식이나 형식을 때에 따라 바꾸는 것이기 때문에 세 양식이 동시에 존재할 수 없는 것

---

128 바빙크, 『개혁교의학』 2:366.

129 David James, *A Short View of the Tenets of Tritheists, Sabellians, Trinitarians, Arians, and Socinians* (London: J. Johnson, 1778), pp. 15-19.

이 양태적 단일신론의 맹점이다. 그러므로 양태론은 그 태생상 단일신론으로밖에 남을 수 없다. 특정 시간을 기준으로 세 양태들 중 단 한 양태만 존재할 수 있는 구조이므로 '하나의 본질, 세 위격'이라는 삼위일체 표준 공식을 근본적으로 거스르게 된다.

사실 양태적 단일신론의 가장 큰 문제점은 성부·성자·성령 삼위 간에 존재하는 위격적 실체와 위격적 구별성을 무시한다는 점이다. 앞선 4장에서 살펴보았듯이 삼위일체의 각 위격들은 위격적 실체/실재(subsistentia)로 존재한다. 위격적 실체/실재란 성부·성자·성령 삼위가 하나의 본질 안에 있지만 그럼에도 서로 공유할 수 없는 특질에 의해 서로가 서로를 위격적으로 구별하는 실체를 가지고 있다는 의미를 내포한다. 그러므로 정통 삼위일체론에서는 성부라고 불리는 분, 성자라고 불리는 분, 성령이라고 불리는 분 즉 세 위격적 실체가 서로가 서로를 구별한 채 상호 관계를 맺으며 존재할 수 있는 것이다. 그러나 양태론적 이해 가운데서는 위격적 실체들의 구별성이 간과되거나 아예 무시된다. 이는 신학적으로 거대한 문제를 야기한다. 두 가지 정도를 살펴보도록 하겠다.

첫째, 만약 삼위일체 하나님을 양태론적으로 이해할 경우 삼위 간에 존재하는 '관계'가 원천적으로 제거될 수밖에 없다.

삼위 간에 존재하는 관계가 제거된다는 것은 곧 성부·성자·성령 삼위 하나님께서 밀접한 상호 관계 속에서 구속사를 이뤄나가는 이야기가 듬뿍 담겨 있는 성경의 계시 자체를 거부하는 것과 같다. 양태론은 결국 특정한 때에 따라 하나의 위격이 독립적으로 현현하는 것에 불과하기 때문에 그 구조 안에서는 삼위 간의 풍성한 교제와 대화, 약속, 관계 등이 전무하게 될 수밖에 없다. 이는 삼위 하나님 간에 존재하는 풍성한 교제를 날카롭게 거세함으로, 고독하고 건조한 단일신을 만드는 구조 안으로 하나님을 몰고 가는 것이다.

둘째, 만약 삼위일체 하나님을 양태론적으로 이해할 경우 위격적 경륜의 역할을 설명하기가 매우 힘들어진다. 위격적 경륜의 역할이란 위격 간에 서로 하는 역할이 구별된다는 것이다.[130] 성부의 위격은 주로 작정의 사역을 감당하고, 성자의 위격은 주로 실행의 사역을 감당하며, 성령의 위격은 주로 완성과 적용의 사역을 감당한다.[131] 이는 위격적으로만 구별되는 것으로, 그 구별의 근본적 근거는 각 위격들 간에 존재하는 고유의 사역적 특성이다. 만약 양태론을 받아들이면, 성부가

---

[130] Cf. Seung-Goo Lee, "The Relationship between the Ontological Trinity and the Economic Trinity," *Journal of Reformed Theology*, 3.1 (2009), pp. 90-107.

[131] 벌코프, 『벌코프 조직신학(합본)』, p. 287.

성자의 역할도 감당하고 성자가 성부의 역할도 감당하며 성자가 성령의 역할도 감당하는 것이기 때문에 각 위격적 경륜의 역할의 구별성이 완전히 무너지게 된다. 이는 결국 삼위일체 하나님을 본질에서나, 위격에서나, 사역에서나 '단일'한 구조로 몰고 갈 수밖에 없는 건조한 방향으로 우리를 이끌게 된다.[132] 위격적 경륜의 구별성이 제거될 때 등장할 수밖에 없는 논리가 바로 '성부 수난설'(聖父 受難說, patripassianism)이다.[133] 성부 수난설이란 정통 교부들이 양태적 단일신론을 공격하면서 사용한 단어이다. 만약 성부·성자·성령이 서로 양태만 바꿔서 역할을 감당한다면, 결국 십자가에 달려 고통 받는 분은 삼위일체 중 두 번째 위격인 성자 그리스도가 아니라 성부 하나님일 수도 있다는 논리적 약점을 파고 들어갔던 교부들의 공격적 수사였다. 이는 정확한 지적이다. 양태적 단일신론의 구조 안에서는 성부·성자·성령의 위격적 경륜의 구별이 전무해지기 때문이다.

이처럼 양태론은 각종 신학적 문제점을 크게 내포하고 있음에도 여전히 알게 모르게 성도의 뇌리 속에 깊이 각인된 삼위일체론이 되고 말았다. 이는 불행한 일이다. 이러한 불행의

---

132 바빙크, 『개혁교의학』, 2:367.

133 바빙크, 『개혁교의학』, 2:362.

끈을 이제는 끊어야 한다. 한국 교회 성도 중에도 많은 경우 양태론적인 이해를 가지고 삼위일체 하나님을 이해하는 경향이 짙다. 이러한 잘못된 이해의 근저에는 잘못된 삼위일체 예화들이 한몫 크게 차지하고 있다. 지금부터 잘못된 양태론적 이해의 대표적인 예화들을 살펴보며, 분별력을 더 날카롭게 정제하도록 하겠다.

먼저, 가장 많이 쓰고 있는 양태론적 예화는 소위 '역할 바꿔치기'이다. 이는 앞에서 살펴본 삼위일체 용어 중에 πρόσωπον(프로소폰)이라는 단어와 연관되어 있다. 얼굴, 외양, 역할이라는 뜻을 지닌 헬라어 단어 프로소폰을 위격의 의미로 건조하게 이해할 경우 한 분 하나님께서 때에 따라 다른 '가면'을 쓰고 나오는 듯한 인상을 줄 수 있다. 즉 연기자는 하나인데 같은 연기자가 가면만 바꿔 쓰고 무대에 등장함으로 바꿔 쓰는 가면에 따라 역할만 바뀌게 되는 것이다. 가면과 역할은 바뀌지만 연기자는 여전히 하나라는 것이 이 예화의 핵심이다. 이는 정확히 양태론적 이해다. 하지만 삼위일체 하나님은 역할만 바꾼 채로 존재하는 분이 아니다. 삼위일체 하나님은 늘 하나의 본질과 서로 구별된 세 위격적 실체를 동시에 가진 채 존재하는 분이다.

역할 바꿔치기 예화는 우리의 실생활에 그대로 적용되어

다음과 같은 또 다른 잘못된 양태론적 예화들을 이끌어낸다. 김철수라는 한 사람을 상정하고 집에서는 아빠요, 직장에서는 대리이며, 교회에서는 집사라는 식으로 삼위일체 하나님을 빗대어 설명하는 것이다. 이런 식의 이해 역시 본질의 하나 됨은 강조되지만 서로 구별된 세 위격의 특징을 설명하기에는 역부족이다. 삼위일체 하나님은 하나의 본질도 강조되어야 하지만, 동시에 서로 구별된 채로 존재하는 위격적 실체의 존재도 반드시 균형 있게 강조되어야 한다. 위격적 실체들은 단순히 아빠, 대리, 집사 식으로 역할과 지위와 위치만 바뀌는 것이 아니라 그 자체로 서로 공유할 수 없는 고유의 특질을 가지고 있다. 물론 각 위격의 고유한 특질이 삼신론적으로 서로 완전히 독립된 형태로 존재하는 것은 아니다. 언제나 세 위격의 고유한 특질은 하나의 본질에 근거하고 있다. 그럼에도 그 고유한 특질은 역할만 바뀌는 것이 아니라 그 자체로 고유한 위격적 실체이다.

이 밖에도 양태론적 예화는 무궁무진하다. 성부·성자·성령이 겉으로 드러나는 서로 다른 양태인 불, 열, 빛으로 묘사한다든지, 액체, 기체, 고체로 묘사한다든지 하는 것은 모두 삼위일체 내에 서로 구별된 세 위격적 실체의 존재를 간과 혹은 약화시킨다는 점에서 문제를 담지하고 있는 예화들이다.

삼위일체 하나님을 설명함에 있어 예화, 비유, 그림을 사용하는 것을 의도적으로 지양해야 하는 이유가 바로 여기에 있다. 삼위일체 하나님은 무한하신 영으로서 어쭙잖은 예화나 비유, 그림이나 도표로 온전히 설명 가능한 분이 아니다. 오히려 유한한 인간의 예화나 비유, 그림이나 도표로 삼위일체 하나님의 무한하심과 광대하심을 표현할 때 맞닥뜨릴 수밖에 없는 것은 처절한 '표현의 한계'이며 그로 인해 귀결되는 '표현의 오류'이다. 삼위일체 하나님은 인간의 한계 저 너머에 존재하시는 분이다.

지금까지 살펴보았듯이 유한이 무한을 무절제하게 묘사할 때 나타난 결과는 양태론적 이해, 아니면 종속론적 이해였다. 그러므로 삼위일체 하나님에 관한 예화나 비유를 말하는 자, 듣는 자 모두 다 정확한 개념 정리와 용어 정리 가운데 분별하면서 할 필요가 있다. 이것이 신학적 혼란을 줄이는 유일한 지름길이다.

본 장을 마무리 지을 때가 되었다. 본 장을 통해 삼위일체 하나님을 설명하거나 묘사할 때 가장 중요한 것은 '하나의 본질, 세 위격'이라는 표현 속에 함의된 각 진리들이 왜곡 없이, 가감 없이, 균형 잃음 없이 그 본연의 진리가 그대로 묻어 나와야 한다는 사실을 깨닫게 되었다. '하나의 본질'이 무너지면 삼신론의 오류에 빠질 수밖에 없게 될 것이고, 서로 구별된 위격적 실체로서의 '세 위격'에 대한 강조가 무너지면 양태적 단일신론으로 갈 수밖에 없는 것이다. 성부와 성자 간의 동일본질성이 성자 종속설의 맥락 하에서 무시되거나 간과될 때 나타날 수밖에 없는 자연스러운 논리적 귀결은 역동적 단일신론(혹은 양자론)으로의 방향성이다. 결국 '하나의 본질, 세 위격'이라는 삼위일체 진리는 균형 있게 강조되어야만 한다. 이것만이 잘못된 삼위일체론을 따르는 길에서부터 거룩한 일탈을 경험할 수 있는 지름길이 될 수 있을 것이다.

다음 장은 이 책의 마지막 장이다. 본 장을 통해 잘못된 삼위일체론을 경험했으니, 다음 장부터는 올바른 삼위일체 하나님을 발견하는 데 주력하며 이 책을 마무리 짓도록 하겠다. 이 작업을 19~20세기 네덜란드에 살았던 개혁 신학자였던 헤르만 바빙크의 빛 아래서 하도록 하겠다. 바빙크의 논의가 지금 이 시점에서 유효한 이유는, 바빙크가 지금까지 우리가 논의했던 것들을 정통의 시각 아래서 종합적으로 잘 요약 진술해주기 때문이다.[134] 다음 장을 통해 건전하고 균형 잡힌 삼위일체론을 든든히 세워나가는 발판으로 삼길 바란다.

---

[134] 바빙크의 삼위일체론을 유기성의 맥락에서 살펴본 James P. Eglinton, *Trinity and Organism: Towards a New Reading of Herman Bavinck's Organic Motif* (London: T & T Clark, 2012)도 참고하라.

NOTE

6장

올바른 삼위일체

지금까지 우리는 총 다섯 장에 걸쳐 삼위일체 하나님을 논구해 보았다. 삼위일체 하나님을 대하는 자세(1장), 성경이 말하는 삼위일체(2장), 신경이 말하는 삼위일체(3장), 바른 용어 정리(4장), 잘못된 삼위일체(5장) 등이 그 주제들이었다. 이 책을 마무리 지으며 마지막으로 할 작업은 지금까지 논의했던 내용들을 바빙크의 빛 아래서 다시 한 번 더 재조망하고 재확증해 보는 것이다. 우리가 지금까지 다루었던 내용들을 바빙크는 어떻게 진술하고 있는지 그의 글을 직접 인용하며 함께 살피는 형식을 취하도록 하겠다. 이를 통해 정통의 빛 아래서 올바른 삼위일체론이 확고히 정립될 수 있을 것이다.

삼위일체 하나님을 대하는 자세

바빙크는 경건한 신학자였다.[135] 학문적으로 매우 탁월했지만 그의 경건은 그 학문성에 함몰되어 자취를 감추지 않았다. 오히려 그 반대였다. 탁월한 학문성으로 신학을 전개함과 동시에 그 탁월성이 경건의 옷을 입고 그의 저작 여기저기에 아름답게 발현되기에 이른다. 삼위일체론을 전개할 때도 마찬가지였다. 바빙크의 삼위일체론은 삼위일체 하나님에 대한 경외와 경배로 가득 차 있다. 삼위일체 하나님을 연구하는 자가 가져야 할 자세에 대해 진솔히 기술하는 바빙크의 다음과 같은 말은 우리에게 깊은 울림을 준다.

> 비록 근대철학이 사변을 통해 삼위일체 교의에 대한 관심을 다시 불러일으켰지만, 교회와 신학은 일반적으로 이러한 철학적 해석들에 대해 조심스러운 태도를 취했다. 많은 이들이 성경의 검손함을 넘어서면서 삼위일체의 신비를 간파할 수 있는 능력이 있다고 주장한다. 후험적 유비와 논증들이 허용되었고, 창조세

---

[135] 바빙크의 삶과 사상에 대하여 잘 정리한 론 글리슨, 『헤르만 바빙크 평전: 목회자, 교회 지도자, 정치가, 신학자』, 윤석인 역 (서울: 부흥과개혁사, 2014)를 참고하라.

계에 있는 삼위일체의 흔적이 인정되었지만, 신자들은 이성과 유비에 의존하는 데 주의를 기울이도록 경고를 받았다. 성경이 유일하게 적법한 "증거"로 여겨졌고, 겸손은 적절한 태도였다. 토마스조차 위격들의 삼위일체를 자연적 이성으로 증명하려고 하는 것을 경계했다. 그런 시도는 신앙의 품격을 떨어뜨리고, 신앙이 약한 토대위에 서 있다는 인상을 줌으로써 사람들로 하여금 신앙에서 멀어지도록 만들 수 있다는 것이다 … **그리스도인의 마음은 존재의 모든 것이 삼위일체 하나님께 돌려질 때까지, 하나님이 삼위일체시라는 고백이 우리의 사고와 삶의 중심에서 기능하기까지 결코 만족을 얻을 수 없다.** 따라서 삼위일체를 위해 제기된 유비와 논증이 이 교의가 참되다는 것을 증명하지는 못하더라도, 하나님의 이성적 피조물들이 삶과 사고에 대해 고백하는 일이 여러 면에서 유용하고 풍성한 의미를 가진다는 점을 분명히 인식시켜주는 중요한 역할을 한다. **결국 삼위일체에 대한 유비와 논증은 종교적 필요성 때문에 중요한 의미가 있는 것이지, 공허한 사변에 대한 열망이나 무절제한 호기심을 채우기 위한 것은 아니다. 하나님이 정말 삼위일체적이시라면 이것은 최고로 중요한 사실이어야 한다.** 왜냐하면 사도에 따르면, 만물이 주에게서 나오고 주로 말미암고 주에게로 돌아가

기 때문이다(로마서 11:36).**¹³⁶**

바빙크는 삼위일체 하나님을 대함에 있어 철학적 해석, 후험적 유비와 논증, 이성 사용 그 자체를 거부하지 않았다. 오히려 바빙크는 그것들에 대한 오용과 남용을 경계했으며, 겸손함을 상실한 채 그것들을 자기 멋대로 사용하는 교만함을 호되게 질책했다. 바빙크가 전심을 다해 지적하고 있는 것처럼 삼위일체 하나님을 사변적으로 대해서는 안 된다. 오히려 삼위일체 하나님의 영광이 '우리의 사고와 삶의 중심에서 올바로 기능'할 때까지 우리의 만족을 멈춰서는 안 될 것이다. 삼위일체 하나님의 영광이 우리의 사고와 삶의 중심에서 올바로 기능하는 것이 과연 무엇을 뜻하는지를 알아가는 것이 곧 신앙생활이다. 이것은 한순간에 되는 것이 아니라 평생에 걸친 작업이다. 무한하신 하나님을 한순간에 알려고 하는 것

---

136 헤르만 바빙크, 『개혁파 교의학(단권축약본)』, 존 볼트 편, 김찬영·장호준 공역 (서울: 새물결플러스, 2015), pp. 432-433(강조는 내가 첨가한 것이다). 『개혁파 교의학(단권축약본)』은 바빙크의 *Gereformeerde Dogmatiek*를 영역한 Herman Bavinck, *Reformed Dogmatics*, ed. John Bolt, trans. John Vriend, 4 vols., (Grand Rapids: Baker Academic, 2003)를 미국 칼빈신학교 조직신학 은퇴 교수인 존 볼트(John Bolt)가 Herman Bavinck, *Reformed Dogmatics: Abridged in One Volume*, ed. John Bolt (Grand Rapids: Baker Academic, 2011)로 한 권으로 요약했고 그 요약본을 다시 한역한 것이다. 『개혁파 교의학(단권축약본)』의 특징은 바빙크의 핵심 논의를 한 권으로 잘 압축하여 정제했다는 점이다. 본 장에서는 바빙크의 핵심 사상이 잘 요약 정리되어 있는 『개혁파 교의학(단권축약본)』를 사용하여 논의를 진행하도록 하겠다.

자체가 영적인 교만이다.

바빙크는 공허한 사변에 대한 열망이나 무절제한 호기심을 채우기 위해 삼위일체 하나님을 탐구해서는 안 된다고 옳게 지적하고 있다. 오히려 하나님께서 삼위일체로 존재하신다는 그 자체가 사변에 대한 모든 열망과 호기심을 뛰어넘는 '가장 중요한 사실'이라고 바빙크는 말한다. 이 가장 중요한 사실 하나 때문에 울고 웃으며 행복해하는 것, 그 자체로 삼위일체 하나님을 탐구하는 사람들은 그 무엇과도 바꿀 수 없는 귀한 특권을 소유하게 되는 것이다.

교만함을 버려야 한다. 겸손으로 무장해야 한다. 그때야 비로소 계시의 밝은 빛 아래서 삼위일체 하나님의 본질과 영광은 더 선명히 우리의 의식과 삶 깊숙한 곳에 자리 잡게 될 것이다.

성경이 말하는 삼위일체

바빙크의 삼위일체론은 성경으로부터 시작한다.[137] 앞선 2장에서 살펴보았듯이 계시에 의존하여 삼위일체 하나님을 발견하는 것은 해도 되고 안 해도 되는 식의 무책임한 문제가 아니라 그렇게 하지 않으면 안 되는 필수불가결한 것이다. 그 이유에 대해 바빙크는 다음과 같이 말한다.

> **성경은 신학이 삼위일체의 교의를 구성하는 데 사용한 모든 내용을 담고 있다.** 철학이 기여한 본질적인 것은 아무것도 없다. 심지어 로고스 교리도 신약성경에 들어있다. 그리스도인의 이성적 능력이 충분히 발전해서 여기 제시된 거룩한 신비에 입성하는 것은 다만 시간 문제였을 뿐이다.[138]

바빙크는 성경이 삼위일체 교의를 구성하기 위한 '모든 내

---

[137] 바빙크의 성경론에 대해서라면 Anthony A. Hoekema, "Kuyper, Bavinck, and Infallibility," *Reformed Journal*, 11.5 (May 1961), pp. 18-22; Jason B. Hunt, "Bavinck and the Princetonians on Scripture: A Difference in Doctrine or Defense?" *Journal of the Evangelical Theological Society*, 53.2 (Jun 2010), pp. 317-333; K. Scott Oliphint, "Bavinck's Realism, the Logos Principle, and Sola Scriptura," *The Westminster Theological Journal*, 72.2 (Fall 2010), pp. 359-390 등을 참고하라.

[138] 바빙크,『개혁파 교의학(단권축약본)』, p. 397(강조는 내가 첨가한 것이다).

용'을 담고 있다고 지적한다. 삼위일체론을 전개하는 가운데 등장하는 수많은 용어나 개념들이 지나치게 철학적이고 형이상학적으로 비춰지지만 사실 바빙크의 지적대로 철학 그 자체가 삼위일체론의 전개에 있어서 '본질적으로' 기여한 것은 없다. 본질적인 것은 성경 계시이며, 철학은 본질적인 것으로부터 파생되어 나온 부차적인 것이기 때문이다.[139]

바빙크의 이러한 가르침은 다시금 우리에게 계시 의존 사색의 필요성을 고취시킨다. 성경은 하나님의 자기 계시이기 때문에 성경을 연구하면 할수록 삼위일체 하나님이 드러나야 한다. 역으로 표현하면, 만약 성경을 진지하게 연구했음에도 삼위일체 하나님이 아닌 다른 하나님이 드러났다면 그러한 성경 읽기는 문제 있는 성경 읽기일 수 있다.

성경 자체가 내포하고 있는 중요한 속성들 중 하나가 '충족성'(充足性, sufficiency)이다. 충족성이란 기록된 하나님의 말씀인 성경은 개인이나 교회가 영적으로 필요한 모든 진리를 가르쳐주기에 그것 자체로 충분하다는 것이다.[140] 삼위일체 교의

---

[139] Cf. 박재은, "16-17세기 개혁파 정통주의 시대의 형이상학 이해," pp. 149-158.

[140] Dennis W. Jowers, "The Sufficiency of Scripture and the Biblical Canon," *Trinity Journal*, 30.1 (Spr 2009), pp. 49-65; Nelson D. Kloosterman, "The 'Redemptive-Movement-Hermeneutic' and the Sufficiency of Scripture in Light of the History of Dogma," *Mid-America Journal of Theology*, 17 (2006), pp. 191-209.

도 마찬가지다. 성경은 우리가 삼위일체에 대해 알아야 하는 모든 진리를 충분하게 알려주고 있다. 그러므로 성경을 통해 삼위일체 하나님을 발견하지 못한다는 것은 우리의 영적인 게으름이나 정신력의 둔함 때문이지, 성경 그 자체의 계시가 부족하거나 빛이 바랬기 때문이 아니다. 하나님은 성경을 통해 늘 자기 자신을 삼위일체 하나님으로 계시해 오셨다. 우리가 더욱더 특별계시인 성경에 집중해야 할 이유가 바로 여기에 있다.

이제 우리가 할 일은 계시에 진중하게 의존하여 삼위일체 하나님을 발견하는 것이다. 시냇물을 찾는 갈급한 사슴처럼 말씀에 갈급한 자들이 되어야 한다. 하나님의 은혜 가운데 시냇물과는 비교할 수도 없는 깊고 넓은 삼위일체 하나님의 생수를 경험하게 될 것이다.

신경이 말하는 삼위일체

앞선 3장에서 우리는 신경의 중요성을 살펴보았다. 바빙크 역시 신조와 신경의 중요성에 대해 설파하고 있다. 바빙크가 전개한 교의학의 구성 흐름은 큰 틀에서 '역사 신학적'이다. 즉 교회 역사 속에 나타난 다양한 교리들을 시대 순으로 정리한

후에 각 신학 쟁점들과 연관된 신조와 신경으로 정통 교리가 무엇인지 확인하고 성경적인 교리를 재확증하는 구성을 가지고 있다.[141]

바빙크는 삼위일체론 역시 각종 정통 신경들 가운데서 풀어나가고 있다. 다음과 같은 바빙크의 진술은 이 책에서 다뤘던 각종 신경에 대한 해석과 그 맥락을 함께 하고 있다.

> 삼위일체에 대한 신앙고백은 기독교의 맥박이다.[142]

> 교회는 니케아 공의회(AD 325)에서 오리게네스를 따르지 않았으며, 종속론을 거부하고 성자의 완전한 신성을 확증했다. 이것은 신성의 참된 단일성을 유지하는 데 노력을 기울이도록 교회적·신학적 논의의 성격을 변화시켰다. 니케아 공의회 이전에는 하나님의 하나 됨에서 셋이라는 것을 유추하는 게 주된 난제였으나, 니케아 공의회 이후에는 그 역이 주된 난제가 되었다.[143]

---

[141] 바빙크의 신학 방법론에 대해서는 박재은, 『칭의, 균형 있게 이해하기』, pp. 112-114를 참고하라.
[142] 바빙크, 『개혁파 교의학(단권축약본)』, p. 404.
[143] 바빙크, 『개혁파 교의학(단권축약본)』, p. 401.

아타나시오스에게 잘못 돌려지곤 하는, 기원후 400년 이후에 등장한 것임에 틀림없는 아타나시오스 신조는 아우구스티누스의 정신을 발현하고 있다. 서방 교회는 이 신조를 기꺼이 받아들였으나 동방 교회는 이 신조를 환영하지 않았다. 그리고 종교개혁자들도 아타나시오스 신조에 동의했다.[144]

바빙크는 삼위일체에 대한 신앙고백을 기독교의 '맥박'이라 표현했다(In de belijdenis der triniteit klopt het hart der christelijke religie).[145] 맥박이 끊어지면 생명 또한 끝나게 되는 것처럼 삼위일체에 대한 바른 신앙고백이 없다면 신자로서의 생명 또한 끊어지게 되는 것이다.

기독교 신앙의 맥박은 공동체적이다. 역사적으로 믿어왔던 신앙을 함께 고백하는 것이다. 위의 인용문에 나타난 것처럼 바빙크는 니케아 신경, 아타나시우스 신경 등을 주축으로 역사적으로 믿어왔던 도리들을 살피며 삼위일체론을 전개해나가고 있다. 앞선 3장에서 구체적으로 살펴보았듯이 니케아 신경과 아타나시우스 신경은 성부·성자·성령 삼위 간의 동일본

---

[144] 바빙크, 『개혁파 교의학(단권축약본)』, p. 404.
[145] Herman Bavinck, *Gereformeerde Dogmatiek*, 4th ed. (Kampen: Kok, 1930), #220.

질 됨과 세 구별된 위격 됨을 잘 표현했던 신경들이었다. 이러한 신경들을 함께 고백하며 기독교 신앙의 맥박을 건강하고 힘차게 유지시킬 필요가 있다.

거의 대부분의 한국 교회는 사도신경을 주축으로 공동체 신앙고백을 하고 있다. 이는 너무나도 귀한 일이다. 사도신경은 신자라면 마땅히 믿어야 할 바를 압축적으로 잘 표현해주는 신앙고백문이기 때문이다. 하지만 좀 더 풍성하게 신앙고백을 할 필요도 있다. 니케아-콘스탄티노플 신경이나 아타나시우스 신경 등도 공동체 신앙고백문에 포함시켜 함께 믿는 바를 고백할 필요가 있다. 이를 통해 더 구체적으로, 반복적으로, 선명하게 삼위일체 하나님에 대해 믿는 바를 정확히 고백할 수 있기 때문이다.

바른 용어 사용

앞선 4장에서 우리는 삼위일체 하나님을 묘사할 때 사용했던 다양한 삼위일체 용어들을 구체적으로 살펴보았다. 바빙크 역시 다양한 삼위일체 용어들을 사용하는 것에 대해 기본적으로 지지 입장을 견지하고 있다. 그러나 바빙크는 이에 대해 무조건적이고 맹목적인 지지 입장을 표하는 것이 아니라 비판적 지지의 입장을 견지하고 있음을 볼 수 있다. 이에 대한 바빙크의 설명을 들어보도록 하자.

> 기독교회에게 삼위일체 교리는 교의였고, 따라서 탁월한 신비였다 … 교회는 성경의 가르침을 방어하기 위해 성경을 넘어서는 용어를 사용하는 것이 필요하다고 생각했는데, 이 관행을 아리우스주의자들과 종교개혁 이후 및 근대의 유사 아리우스주의자들은 정죄했으나 기독교 신학은 항상 옹호했다 … 실제로 성경에 대한 신학적 성찰은 성경을 벗어난 외부 용어를 사용할 자유가 없이는 전혀 불가능하다. **이런 것들을 사용하는 것은 새로운—성경 외적이거나 성경에 반대되는—교의들을 도입하려는 것이 아니고, 오히려 그 반대로 성경의 진리를 모든 이단에 맞서 방어하기 위해서다. 이 용어들은 일차적으로 부정적인 기능을 행사해서, 그리스도인의 사고가 계시의 진리를 보존하기 위해서 진행해야 할 경계를 표시해준다.** "성경적 신학"을 주장하는 이들이 성경 외부 용어를 사용하는 교회적 정통주의보다 성경의 가르침에서 더 먼 경우가 아주 흔하다. 이것은 삼위일체 외에 다른 기독교 교리들에 대해서도 마찬가지로 사실이다.[146]

---

[146] 바빙크, 『개혁파 교의학(단권축약본)』, pp. 408-409(강조는 내가 첨가한 것이다).

바빙크는 성경의 내용에 대해 신학적 성찰을 할 때 성경에 등장하지 않는 용어들을 사용하지 않고서는 성찰 자체가 불가능하다고 지적하고 있다. 이는 옳은 말이다. 특히 삼위일체와 같은 신비를 대할 때 신비를 신비로 성찰하면 결국 신비밖에 남지 않기 때문에 무한한 신비를 유한한 인간의 언어로 표현할 수밖에 없었던 것이다. '삼위일체'란 용어 자체가 성경에 등장하지 않는다는 것은 이미 자명한 사실이다. 하지만 이 용어 말고는 무한한 삼위일체 하나님을 표현할 길이 없기에 성경에서 사용하고 있지 않는 단어를 사용해 하나님을 묘사할 수밖에 없는 것이다.

하지만 유한한 인간의 언어로 신비를 표현하다 보면 반드시 부작용이 생기게 마련이다. 바빙크는 이러한 부작용을 정확히 인지하며 경계를 표하고 있다. 용어를 사용하는 것은 성경 외에 또 다른 새로운 교의를 도입하고자 함이 아니라 '이단적인 가르침에 방어'하기 위함이며, 계시의 진리를 보존하기 위해 '넘어가지 말아야 할 경계'를 설정하는 기능을 갖고 있다고 바빙크는 통찰력 있게 지적하고 있다.

삼위일체 용어 사용이 삼위일체 하나님 자신의 본질과 영광을 가리게 된다면, 우리는 그러한 용어 사용을 당장 그만둬야 한다. 하지만 반대로 용어 사용을 통해 성경에 드러난 하나님의 본질과 영광이 더 높게 드러나게 된다면, 그 용어들은 분별력을 가지고 선용할 필요가 있다. 이런 건전한 자세가 우리의 자세가 되어야 한다.

잘못된 삼위일체

이 장의 바로 전 장인 5장에서 우리는 잘못된 삼위일체론을 요목조목 살펴보았다. 잘못된 삼위일체론은 크게 두 형식으로 나눌 수 있는데 하나는 '삼신론'의 문제였고, 또 다른 하나는 '단일신론'의 문제였다. 이러한 잘못된 삼위일체론의 핵심 문제는 보편 공교회가 확립했던 삼위일체 표준 공식인 '하나의 본질, 세 위격' 사이의 균형을 결과론적으로 깨뜨려 버린 것이었다.

바빙크 역시 잘못된 삼위일체론의 핵심 문제를 정확히 짚고 있다. 바빙크의 말을 들어보도록 하자.

> (삼위일체 교리는) 신자들로 하여금, 하나님 본질의 단일성이 위격의 삼위성을 무효화하지 않고, 역으로 위격의 삼위성이 하나님 본질의 단일성을 폐하지 않는다는 중대한 난점에 직면케 했다. 삼위일체 교리에 대한 모든 오류는 삼위성을 보존하려고 본질의 단일성을 부인하거나 (아리우스주의) 또는 삼위성이 유지될 수

없는 그런 단일성을 주장하는 데서(사벨리우스주의) 비롯된다.[147]

바빙크의 이러한 지적은 잘못된 삼위일체론의 근본 모체의 성격을 정확히 파악한 지적이다. 즉 삼위성을 보존하려고 본질의 단일성을 부인하거나, 아니면 그 반대로 삼위성이 유지될 수 없는 단일성을 주장하면 필연적으로 잘못된 삼위일체론이 탄생할 수밖에 없는 것이다. 이는 아리우스주의, 사벨리우스주의라는 이름으로 교회 역사 가운데 왕왕 등장했고, 여전히 그 맹위는 온전히 사그러들지 않고 있다.

잘못된 삼위일체론의 핵심 모체가 단일성과 삼위성 사이의 균형을 잃음이라면, 우리가 해야 할 일은 다시금 이 균형을 잃지 않도록 노력하는 일이다. 이것이 바로 우리가 교회 역사를 배우는 이유다. 교회 역사를 타산지석으로 삼아 앞으로 진행해가야 할 올바른 방향성을 설정하는 것이다. 그러므로 교회 역사는 '거울'이다. 단일성과 삼위성 사이의 균형을 잡는 일을 역사라는 거울을 통해 살필 수 있게 되는 것이다.

바빙크가 어떻게 역사라는 거울을 앞에 두고 '하나의 본질, 세 위격' 사이의 균형을 잡고 있는지 다음에서 구체적으로 살피면서 논의를 마무리 짓도록 하겠다.

---

[147] 바빙크, 『개혁파 교의학(단권축약본)』, p. 404.

올바른 삼위일체

바빙크의 신학은 여러모로 균형이 잡혀 있다.[148] 삼위일체론을 전개할 때도 단일성과 삼위성 사이에서 부단히 균형을 잡으려는 바빙크의 모습을 쉽게 발견할 수 있다. 바빙크의 말을 들어보도록 하자.

> **삼위일체에 대한 고백의 영광은 무엇보다도 단일성이 아무리 절대적이더라도 다양성을 배제하지 않고 포함한다는 데 있다.** 하나님의 존재는 추상적 단일성이나 개념이 아니라 존재의 충만, 생명의 무한한 풍성함인데, 이것이 가진 다양성은 단일성을 손상시키지 않고 오히려 가장 충만히 펼친다.[149]

> **하나님의 "삼위성"(threeness)은 하나님의 "단일성"(oneness)에서 나오고, 그 안에 존재하고, 그것을 섬긴다.** 게다가 세 위격들이 본질에서 차이가 없지만, 구별된 주체들(subjects), 실체들(hypostases), 또는 실재들

---

[148] 칭의론과 성화론에서도 하나님의 주권과 인간의 역할/책임 사이에서 균형을 잡으려 노력했던 바빙크의 모습을 박재은, 『칭의, 균형 있게 이해하기』, pp. 111-123; idem, 『성화, 균형 있게 이해하기』, pp. 141-153에서 찾아볼 수 있다.

[149] 바빙크, 『개혁파 교의학(단권축약본)』, p. 412(강조는 내가 첨가한 것이다).

(subsistences)로서 서로에게 절대적인 방식으로 관련되어 있다. 이 위격들이 주체들로서 갖고 있는 구별들은 위격들이 내재적으로 갖는 상호 관계들과 완전히 일치한다. 성부만이 오로지, 그리고 영원히 아버지시다. 성자만이 오로지, 그리고 영원히 아들이시다. 성령만이 오로지, 그리고 영원히 영이시다. 성부는 아버지로서 하나님이시고, 성자는 아들로서 하나님이시고, 성령은 영으로서 하나님이시다. 세 분 모두가 하나님이시므로, 모두 단 하나의 신적 본성에 참여하신다. 따라서 오직 한 분이신 하나님, 곧 성부·성자·성령이 계신다. 하나님이 영원히 찬양을 받으시기를![150]

바빙크는 단일성의 절대성을 말하면서도 동시에 그 절대적 단일성이 삼위라는 다양성을 배제하지 않고 오히려 포함한다고 옳게 지적한다. 사실 이는 우리가 범접할 수 없는, 우리의 이성의 한계 너머에 있는 신비 중의 신비다. 삼위의 다양성이 단일성을 손상시키지 않고 오히려 가장 충만히 펼쳐진다는 바빙크의 지적에서 그 신비의 절정이 고스란히 드러난다. 이 신비가 가능한 이유는, 하나님의 삼위성은 하나님의 단일성 안에서 나오고 하나님의 단일성 안에 존재하며 하나님의 단

---

[150] 바빙크, 『개혁파 교의학(단권축약본)』, p. 416(강조는 내가 첨가한 것이다).

일성을 섬기기 때문이라고 바빙크는 부연한다.

바빙크가 지속적으로 강조하고 있는 것처럼 올바른 삼위일체론을 세운다는 것은 곧 하나님의 단일성(하나의 본질)과 삼위성(세 위격) 사이의 균형을 부단히 잡는 것이다. 어느 한 쪽으로 치우침 없이 두 진리를 고스란히 강조해야 한다. 그때 비로소 성경이 말하고 있는 성부·성자·성령의 세 위격이 하나의 본질 안에서 아름답고 영광스럽게 펼쳐질 수 있게 될 것이다.

삼위일체 교의는 기독교 신앙의 핵심 체계를 구축한다. 이에 대한 바빙크의 통찰력 있는 설명을 살필 필요가 있다.

> **전체 기독교 신앙의 체계가 하나님이 삼위일체이심에 대한 고백과 함께 서거나 넘어진다. 삼위일체는 기독교 신앙의 중심이고, 모든 교의의 뿌리이고, 새 언약의 근본 내용이다.** 삼위일체 교의의 발전은 언제나 일차적으로 형이상학적 질문이 아니라 종교적인 것이었다. 삼위일체의 교리에서 우리는 인류의 구원을 위한 하나님의 전체 계시가 내는 고동소리를 듣는다. 우리는 삼위일체 하나님의 이름으로 세례를 받고, 이 이름 안에서 영혼의 안식과 양심의 평화를 발견한다. 우리의 하나님은 우리 위에, 우리 앞에, 우리 안에 계신다. 우리의 구원은 삼위일체 교리와 결합되어 있다. 물론 우리는 이 지식의 신비를 다 파헤칠 수 없다. 참되고 신실한

신앙을 불러일으키는데 필요한 모든 것이 우리에게 전부 주어졌다.[151]

바빙크의 지적처럼 기독교 신앙 체계는 삼위일체 하나님을 어떻게 고백하느냐에 따라 굳건히 설 수도 있고 반대로 처참히 무너져 내릴 수도 있다. 왜냐하면 삼위일체 하나님이 모든 기독교 신앙, 교의, 고백, 교리, 언약, 약속, 계시의 중심이며, 뿌리이고 근본 내용이기 때문이다. 그러므로 삼위일체 하나님을 아는 데 온갖 힘을 쏟아야 한다. 삼위일체 하나님을 바로 아는 만큼 내 기독교 신앙의 뿌리와 근본 내용은 더 튼튼해질 것이기 때문이다. 이 작은 책이 이 기초를 튼튼히 세우는 일에 작은 보탬이 되길 진심으로 소망한다.

---

151 바빙크, 『개혁파 교의학(단권축약본)』, p. 434(강조는 내가 첨가한 것이다).

NOTE

나가는 말

삼위일체 하나님을 알아가는 장정의 막을 내리게 됨을 진심으로 기쁘게 생각한다. 비록 이 작은 책은 막을 내리지만 삼위일체 하나님을 알아가는 대장정의 길은 마무리 되어서는 안 된다. 이 책을 읽는 성도는 일반계시와 특별계시 여기저기에 서려 있는 '하나의 본질, 세 위격'으로 계신 삼위일체 하나님의 존재와 본질과 사역을 발견하는 대장정의 길을 다시금 힘차게 떠나야 한다. 이 길은 대단히 행복하고 기쁜 길이 되리라 확신한다. 삼위일체 하나님을 알고 경외하는 것이 '지식의 근본'(잠언 1:7)이고 '가장 고상한 것'(빌립보서 3:8)이다. 그것이 전부이고, 그것이 가장 옳은 것이다.

마지막으로, 바빙크의 글을 인용하며 책을 마무리 지으려고 한다. 이 책에서 함께 나누었던 모든 내용을 압축적으로 요약 정리하기에 가장 좋은 글이다.

> 삼위일체 교리는 이신론의 싸늘한 추상이나 범신론의 혼돈에 대항하여, 하나님이 참으로 살아계신 하나님이시라는 사실을 우리에게 알려준다. 하나님은 자신을 세계와 본질적으로 구별되는 분으로, 그럼에도 고유의 복된 생명, 생명의 충만함을 가지신 '존재의 바다'로 알리

신다. 하나님은 절대적 존재, 영원하신 분으로서 이제도 계시고 전에도 계셨으며 장차 오실 영원하신 분이고 바로 그런 존재로서 영원히 살아계시며 영원히 산출하시는 분이다. 삼위일체이신 하나님(성부·성자·성령)이 바로 우리가 사랑, 거룩, 선, 복된 분으로 아는 하나님이다. 삼위일체는 우리에게 하나님을 존재의 충만, 참된 생명, 완전한 거룩, 영원한 아름다움, 영광으로 계시한다. 또한 하나님께는 다양성 가운데의 통일성, 통일성 가운데 다양성이 있다.[152]

바빙크가 지적하듯이 삼위일체 하나님은 지금도 살아계셔서 역사하시는 우리의 아버지 되시는 참되고 복된 분이다. 삼위일체 하나님은 우리와 너무 멀리 떨어져 계시지도(이신론) 아니하며 우리와 너무 가까이 섞여 버리지도(범신론) 아니하신 분이다. 그분은 우리와 질적으로 구별되신 창조주 여호와 하나님이다. 그분은 성부·성자·성령 하나님으로 존재하셨고, 지금도 그렇게 존재하고 계시며, 앞으로도 영원토록 삼위일체 하나님으로 존재하실 분이다. 그분은 다양성 가운데 통일성,

---

[152] 바빙크, 『개혁파 교의학』(단권축약본), p. 433.

통일성 가운데 다양성을 놓치지 않는 '하나의 본질, 세 위격'으로 존재하시는 탁월하신 분이다.

이렇게 탁월하고 복되신 분께 우리는 무한한 영광과 찬송과 경배를 올려 드리지 않을 수 없다. 삼위일체 하나님을 논구하고 있는 이 자리가 복되고 영광스러운 자리이며, 삼위일체 하나님을 배우고 묵상하고 있는 우리가 참으로 복된 사람들이다. 이 모든 영광을 성 삼위일체 하나님께 올려 드린다![153]

---

[153] 초고를 성실히 읽고 탁월하게 교정을 해주신 사랑하는 동역자 정순우 목사님께 이 자리를 통해 감사의 마음을 깊이 표한다.

참고문헌

Augustine. "On the Trinity." In *Nicene and Post-Nicene Fathers*. Vol.3. Edited by Philip Schaff. Translated by Arthur W. Haddan. Peabody: Hendrickson Publisher, 2012.

Barnes, Michel R. & Daniel H. Williams. Eds., *Arianism After Arius: Essays on the Development of the Fourth Century Trinitarian Conflicts*. Edinburgh: T. & T. Clark, 1993.

Bavinck, Herman. *Reformed Dogmatics: Abridged in One Volume*. Edited by John Bolt. Grand Rapids: Baker Academic, 2011.

_____. *Reformed Dogmatics*. Edited by John Bolt. Translated by John Vriend. 4 Vols. Grand Rapids: Baker Academic, 2003.

_____. *Gereformeerde Dogmatiek*. 4th Edition. Kampen: Kok, 1930.

Beeke, Joel R. & Mark Jones. "The Puritans on the Trinity." In *A Puritan Theology: Doctrine for Life*. Grand Rapids: Reformation Heritage Books, 2012.

Berkhof, Louis. *Systematic Theology*. Carlisle: the Banner of Truth Trust, 2005.

Bierma, Lyle D. *The Theology of the Heidelberg Catechism: A Reformation Synthesis*. Louisville: Westminster John Knox Press, 2013.

_____. *An Introduction to the Heidelberg Catechism: Sources, History, and Theology*. Grand Rapids: Baker Academic, 2005.

_____. *The Doctrine of the Sacraments in the Heidelberg Catechism: Melanchthonian, Calvinist, or Zwinglian?* Princeton: Princeton Theological Seminary, 1999.

_____. *German Calvinism in the Confessional Age: the Covenant Theology of Caspar Olevianus*. Grand Rapids: Baker Books, 1996.

Castleman, Robbie. "The Last Word: the Great Commission: Ecclesiology." *Themelios*, 32.3 (May 2007): 68-70.

Charnock, Stephen. "A Discourse of the Existence and Attributes of God." In *The Complete Works of Stephen Charnock*. Vol. 1. Edinburgh: James Nichol, 1864.

Cho, Youngchun. *Anthony Tuckney (1599-1670): Theologian of the Westminster Assembly*. Grand Rapids: Reformation Heritage Books, 2018.

Clark, Kelly James. "Trinity or Tritheism." *Religious Studies*, 32.4 (Dec 1996): 463-476.

Daniélou, Alain. *The Myths and Gods of India: the Classic Work on Hindu Polytheism from the Princeton Bollingen Series*. Rochester: Inner Traditions International, 1991.

DeYoung Kevin & Greg Gilbert. *What is the Mission of the Church?: Making Sense of Social Justice, Shalom, and the Great Commission*. Wheaton: Crossway, 2011.

Eglinton, James P. *Trinity and Organism: Towards a New Reading of Herman Bavinck's Organic Motif.* London: T & T Clark, 2012.

Evans, G. R. *A Brief History of Heresy.* Oxford: Blackwell Publishing, 2003.

Fesko, John V. *The Covenant of Redemption: Origins, Development, and Reception.* Göttingen: Vandenhoeck & Ruprecht, 2016.

Geréby, György. "Hidden Themes in Fourteenth-Century Byzantine and Latin Theological Debates: Monarchianism and Crypto-Dyophysitism." In *Greeks, Latins, and intellectual history, 1204-1500.* Edited by Martin Hinterberger & Christopher David Schabel. Leuven: Peeters, 2011.

Giles, Kevin. *The Trinity & Subordinationism: the Doctrine of God and the Contemporary Gender Debate.* Downers Grove: InterVarsity Press, 2002.

Grillmeier, Aloys. *Christ in Christian Tradition: From the Council of Chalcedon(451) to Gregory the Great(590-604).* Louisville: Westminster John Knox Press, 1986.

Hanson, R. P. C. *The Search for the Christian Doctrine of God: the Arian Controversy 318-381.* Edinburgh: T & T Clark, 1988.

Hetherington, W. M. *History of the Westminster Assembly of Divines.* New York: Mark H. Newman, 1843.

Hoekema, Anthony A. "Kuyper, Bavinck, and Infallibility." *Reformed Journal*, 11.5 (May 1961): 18-22.

Hunt, Jason B. "Bavinck and the Princetonians on Scripture: A Difference in Doctrine or Defense?" *Journal of the Evangelical Theological Society*, 53.2 (Jun 2010): 317-333.

Jacobs, Nathan. "On 'Not Three Gods'--Again: Can a Primary-Secondary Substance Reading of Ousia and Hypostasis Avoid Tritheism?" *Modern Theology*, 24.3 (Jul 2008): 331-358.

James, David. *A Short View of the Tenets of Tritheists, Sabellians, Trinitarians, Arians, and Socinians*. London: J. Johnson, 1778.

Jowers, Dennis W. "The Sufficiency of Scripture and the Biblical Canon." *Trinity Journal*, 30.1 (Spring 2009): 49-65.

Kelly, J. N. D. *Early Christian Doctrines*. New York, HarperSanFrancisco, 1978.

_____. *The Athanasian Creed*. New York: Harper and Row, 1964.

_____. *Early Christian Creeds*. London: Longmans, Green, 1950.

Kirsch, Jonathan. *God against the gods: the History of the War between Monotheism and Polytheism*. New York: Penguin Compass, 2005.

Klooster, Fred H. *Our Only Comfort: A Comprehensive Commentary on the Heidelberg Catechism*. Grand Rapids: Faith Alive Christian Resources, 2001.

Kloosterman, Nelson D. "The 'Redemptive-Movement-Hermeneutic' and the Sufficiency of Scripture in Light of the History of Dogma." *Mid-America Journal of Theology*, 17 (2006): 191-209.

Lee, Seung-Goo. "The Relationship between the Ontological Trinity and the Economic Trinity." *Journal of Reformed Theology*, 3.1 (2009): 90-107.

Letham, Robert. *The Holy Trinity: In Scripture, History, Theology, and Worship*. Phillipsburg: P & R Pub., 2004.

Luomanen, Petri. "Ebionites and Nazarenes." In *Jewish Christianity Reconsidered: Rethinking Ancient Groups and Texts*. Edited by Matt Jackson-McCabe. Minneapolis: Fortress Press, 2007.

McGrath, Alister. *Heresy: A History of Defending the Truth*. New York: HarperOne, 2009.

Miller, David L. *The New Polytheism: Rebirth of the Gods and Goddesses*. New York: Harper & Row, 1974.

Muller, Richard A. *Dictionary of Latin and Greek Theological Terms: Drawn Principally from Protestant Scholastic Theology*. Grand Rapids: Baker Book House, 1985.

Oliphint, K. Scott. "Bavinck's Realism, the Logos Principle, and Sola Scriptura." *The Westminster Theological Journal*, 72.2 (Fall 2010): 359-390.

Park, Jae-Eun. "Stephen Charnock's Christological Knowledge of God in *A Discourse of the Knowledge of God in Christ*." *The Confessional Presbyterian*, 10 (2014): 73-81.

Rogers, Trent. "The Great Commission as the Climax of Matthew's Mountain Scenes." *Bulletin for Biblical Research*, 22.3 (2012): 383-398.

Rusch, William G. Ed., *The Trinitarian Controversy*. Philadelphia: Fortress Press, 1980.

Roukema, Riemer. *Jesus, Gnosis and Dogma*. London: T & T Clark, 2010.

Sproul, R. C. *What is the Great Commission?* Orlando: Reformation Trust, 2015.

Schaff, Philip. Ed., "The Westminster Confession of Faith." In *The Creeds of Christendom with A History and Critical Notes*. 3 Vols. New York: Harper & Brothers, 1919.

_____. *History of the Christian Church*. Vol.3. Grand Rapids: Eerdmans, 1984.

Sherman, Robert J. *King, Priest, and Prophet: A Trinitarian Theology of Atonement*. New York: T&T Clark International, 2004.

Siecienski, A. Edward. *The Filioque: History of a Doctrinal Controversy*. New York: Oxford University Press, 2010.

Stead, G. C. "Divine Substance in Tertullian." *The Journal of Theological Studies*, 14.1 (April 1963): 46-66.

Stevenson, James & W. H. C. Frend. Eds., *Creeds, Councils and Controversies: Documents Illustrating the History of the Church AD 337-461*. London: SPCK, 1989.

Turretin, Francis. *Institutes of Elenctic Theology*. Edited by James T. Dennison, Jr. Translated by George Musgrave Giger. Phillipsburg: P&R Publishing, 1992.

Van Dixhoorn, Chad. *God's Ambassadors: The Westminster Assembly and the Reformation of the English Pulpit, 1643-1653*. Grand Rapids: Reformation Heritage Books, 2017.

_____. *Confessing the Faith: A Reader's Guide to the Westminster Confession of Faith*. Edinburgh: The Banner of Truth Trust, 2014.

Vischer, Lukas. Ed., *Spirit of God, Spirit of Christ: Ecumenical Reflections on the Filioque Controversy*. London: SPCK, 1981.

Williams, Rowan. *Arius: Heresy and Tradition*. Grand Rapids: W.B. Eerdmans, 2002.

『신경, 신앙과 도덕에 관한 규정·선언 편람』. 하인리히 덴칭거·페터 휘너만 편. 덴칭거 책임번역위원회 역. 서울: 한국천주교주교회의, 2017.

가너, 데이비드. 『성경, 정말 하나님의 말씀인가: 성경의 진실성과 신뢰성을 확증함』. 신호섭 역. 서울: 세움북스, 2017.

굿윈, 토머스. 『믿음의 본질』. 2 Vols. 임원주 역. 서울: 부흥과개혁사, 2013.

그루뎀, 웨인. 『성경 핵심 교리: 기독교 신앙의 필수 가르침』. 박재은 역. 서울: 솔로몬, 2018.

글리슨, 론. 『헤르만 바빙크 평전: 목회자, 교회 지도자, 정치가, 신학자』. 윤석인 역. 서울: 부흥과개혁사, 2014.

김은수. 『삼위일체 하나님과 신학』. 서울: 새물결플러스, 2018.

_____. "'공교회의 고전적 정통 삼위일체 교리'의 정립과 발전 역사에 대한 연구." 「조직신학연구」 27 (가을-겨울, 2017): 308-345.

김영재. 『기독교 신앙고백: 사도신경에서 로잔협약까지』. 수원: 영음사, 2011.

_____. "한국교회의 삼위일체론." 「신학정론」 13.2 (1995): 358-379.

김진흥. 『교리문답으로 배우는 장로교 신앙』. 서울: 생명의양식, 2017.

김헌수. 『하이델베르크 요리문답 강해』. 2 Vols. 서울: 성약출판사, 2009-2010.

드레인, 존.『바울』. 이중수 역. 서울: 도서출판 두란노, 2001.

루터, 마르틴.『마르틴 루터 대교리문답』. 최주훈 역. 서울: 복있는사람, 2017.

문병호.『기독론: 중보자 그리스도의 인격과 사역』. 서울: 생명의말씀사, 2016.

바빙크, 헤르만.『개혁파 교의학(단권축약본)』. 존 볼트 편. 김찬영·장호준 공역. 서울: 새물결플러스, 2015.

_____.『개혁교의학』. 4 Vols. 박태현 역. 서울: 부흥과개혁사, 2011.

반 게메렌, 윌렘.『구원계시의 발전사: 창조에서 새 예루살렘으로 가는 구원의 이야기』. 권대역 역. 서울: 솔로몬, 2017.

벌코프, 루이스.『벌코프 조직신학(합본)』. 권수경·이상원 공역. 고양: 크리스천이제스트, 2000.

보스, J. G. & G. I. 윌리암슨.『웨스트민스터 대요리문답 강해: 신앙교육서』. 류근상·신호섭 공역. 서울: 크리스챤출판사, 2007.

박일민.『개혁교회의 신조』. 서울: 성광문화사, 1998.

박재은. "토마스 굿윈(Thomas Goodwin, 1600-1680)의 삼위일체론."『종교개혁과 하나님』. 개혁주의 신학과 신앙 총서 12권. 부산: 고신대학교 개혁주의학술원, 2018.

_____.『성화, 균형 있게 이해하기: 하나님의 주권 대 인간의 역할, 그 사이에서 바라본 성화』. 서울: 부흥과개혁사, 2017.

_____.『칭의, 균형 있게 이해하기: 하나님의 주권 대 인간의 역할, 그 사이에서 바라본 칭의』. 서울: 부흥과개혁사, 2016.

_____. "16-17세기 개혁파 정통주의 시대의 형이상학 이해."「교회와 문화」 37 (2016): 135-165.

_____. "존 힉의 은유적 성육신 개념: 원인과 결과에 대한 개혁 신학적 고찰."「한국개혁신학」 49 (2016): 163-198.

_____. "종교개혁 시대부터 종교개혁 후기 시대까지 나타난 마가복음 13:32의 '그리스도의 종말의 때에 대한 무지' 해석의 무게중심 변화 고찰."「한국기독교신학논총」100 (2016): 131-161.

_____. "조나단 에드워즈의 속죄론: 스티븐 웨스트의 속죄론과 비교해 본 에드워즈의 객관적, 주관적 속죄 측면 사이의 균형."「개혁논총」33 (2015): 75-115.

_____. "속죄와 윤리: 데니 위버의 만족설 비판과 조안 브라운의 신적 아동학대 모티브에 대한 비판적 고찰."「기독교사회윤리」30 (2014): 161-193.

백충현.『내재적 삼위일체와 경륜적 삼위일체』. 서울: 새물결플러스, 2015.

손재익.『사도신경: 12문장에 담긴 기독교 신앙』. 서울: 디다스코, 2017.

스프로울, R. C.『웨스트민스터 신앙고백 해설』. 3 Vols. 이상웅·김찬영 공역. 서울: 부흥과개혁사, 2011.

샌더스, 프레드.『삼위일체 하나님이 복음이다』. 임원주 역. 서울: 부흥과개혁사, 2016.

아우구스티누스.『삼위일체론』. 성염 역. 서울: 분도출판사, 2015.

유해무.『삼위일체론』. 파주: 살림, 2010.

이남규.『우르시누스, 올레비아누스: 하이델베르크 요리문답서의 두 거장』. 서울: 익투스, 2017.

이동영.『송영의 삼위일체론: 경배와 찬미의 신학』. 서울: 새물결플러스, 2017.

이성호.『특강 하이델베르크 요리문답』상-하. 서울: 흑곰북스, 2013.

이승구.『사도신경』. 서울: SFC, 2004.

이운연.『성경으로 풀어낸 사도신경』. 여수: 그라티아출판사, 2017.

웨스트민스터 총회. 『웨스트민스터 소요리문답: 개역개정판 성경 증거 본문』. 독립개신교회 교육위원회 역. 서울: 성약출판사, 2017.

웨스트민스터 총회. 『웨스트민스터 대교리문답 노트』. 그책의사람들 역. 수원: 그책의사람들, 2017.

정요석. 『하이델베르크 교리문답, 삶을 읽다』. 2 Vols. 서울: 새물결플러스, 2017-2018.

_____. 『소요리문답, 삶을 읽다』. 2 Vols. 서울: 새물결플러스, 2016.

칼빈, 존. 『기독교 강요』. 원광연 역. 서울: 크리스천다이제스트, 2016.

_____. 『라틴어 직역 기독교 강요』. 문병호 역. 서울: 생명의말씀사, 2015.

쿠르쉐, 베르너. 『칼빈의 성령론』. 정일권 역. 부산: 고신대학교 개혁주의학술원, 2017.

터너, 막스. 『성령과 은사: 신약은 성령에 대해 무엇을 말하고 오늘날 성령의 은사는 어떻게 나타나는가』. 김재영·전남식 공역. 서울: 새물결플러스, 2011.

호튼, 마이클. 『성부 성자 성령 삼위 하나님』. 조계광 역. 서울: 생명의말씀사, 2015.

홈즈, 스티븐. 『삼위일체란 무엇인가』. 임원주 역. 서울: 부흥과개혁사, 2016.

황원하. 『하이델베르크 요리문답 해설』. 평택: 교회와성경, 2015.

황희상. 『특강 소요리문답』 상-하. 서울: 흑곰북스, 2011.

NOTE

NOTE